生命樹

Health is the greatest gift, contentment the greatest wealth.
~Gautama Buddha

健康是最大的利益，知足是最好的財富。 ——佛陀

這一生，你要體會的30件事

暢銷紀念版

資深精神科醫師最犀利的人生告白

Gordon Livingston
戈登・李文斯頓——著
吳宜蓁——譯

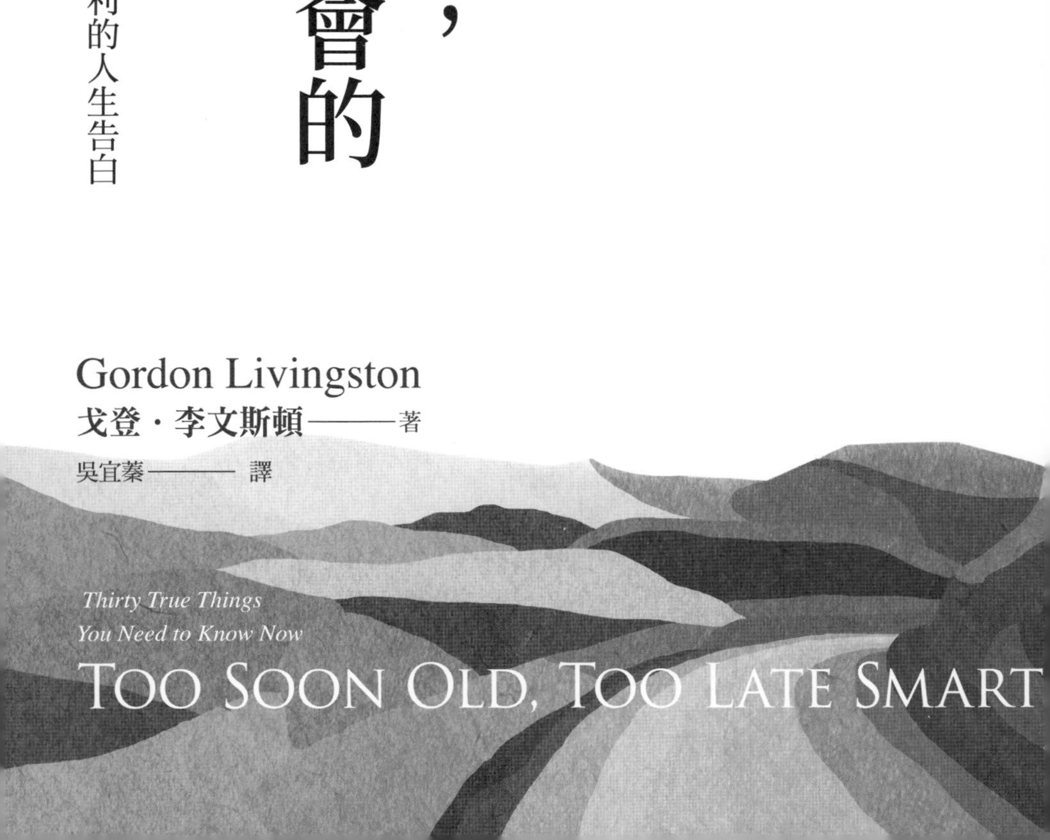

Thirty True Things You Need to Know Now

TOO SOON OLD, TOO LATE SMART

獻給我的患者們

本書中大部分的內容是你們教我的

以及獻給克萊兒（Clare）

這個毫無理由、選擇愛我的人

目次

PART 2 勇氣篇

想要對生活方式做出任何改變，勇氣和決心是必要條件。
而要求人們勇敢，
是希望他們用新的方式去思考自己的人生。

PART 3 情緒篇

充分體驗生活中常見的悲傷和荒謬，
並且找到繼續生活的理由，就是一種勇氣的行為。
鼓舞的力量就來自我們愛和笑的能力。

PART 4 關係篇

我們活在競爭的社會，
總是把世界畫分為輸家和贏家兩方。
在與人建立親密關係的微妙過程中，這種觀念極具毀滅性。

PART 5 愛情篇

愛要透過「行動」來展現。
我們要證明自己是什麼樣的人、在乎誰或關心什麼事物，
也不是靠口頭承諾就好，而是憑藉我們做的事。

PART 6

老去篇

「膽小鬼是承受不了變老的。」
或許我們最後的義務是——
有尊嚴地承受隨著老化而來的生理與心理打擊。

推薦序

看清生命真相，依然選擇向前

李俊宏／衛生福利部桃園療養院副院長

當我們翻開一本探討人生的書籍時，我們期待能在字裡行間找到慰藉、力量，或者是面對生活挑戰的答案。而《這一生，你要體會的三十件事》這本書，無疑正是這樣一本直面人生且充滿智慧的作品。

作者戈登・李文斯頓是一位精神科醫師。也是一位備受考驗的生命旅者。他年輕時曾參與越戰，獲得殊榮，戰場上的生死經歷讓他更珍視生命的價值。然而，命運並未給他平坦的道路：他在成年後意外得知自己是養子，這讓他的身分認同面臨巨大衝擊，成為他童年隱痛的起點。更沉重的是，在短短十三個月內，他的兩個兒子相繼離世：一位因自殺結束生命，另一位則因病早早離去。跟許多難以選擇、需要面對人生挫折的朋友一樣，這些巨大的失落與苦痛，如同一道道深刻的傷痕，印刻在他的人生中。

在人生逐漸向前的過程中，他將這些經歷轉化為深刻的洞察，透過文字帶領我們看清人生的真相，他的每一句話，都像是穿透迷霧的光，真實卻溫暖，冷靜卻不失希望。

李文斯頓在此書中分成六個主題：做自己、勇氣、情緒、關係、愛情以及老去。這每一部分，都不是形形色色的安慰，而是真實地解解我們都需靠自己走過的生命重要講說。

〈如果地圖與實地不符，何不讓內心導航〉是他一個深刻的安慰。在走錯路或遺失目標的時刻，他提醒我們：外在的標準有限，真正值得信任的，是我們的正直和相信。對於變化中的困境，他說：「勇敢一點！強大的力量就會來幫你」，單純卻激勵人心，給予每一個在生命階段打轉的人最重要的輔助。他毫不避諱揭露人生陰影背後的真實面貌。他曾說：「最堅固的牢房，往往是我們自己親手打造的。」這句話點出了我們如何在過去的傷痛與恐懼中築起牢籠，並告訴我們具有打破這些枷鎖，走向自由的可能。

他的文字也溫柔地觸及生命的邊界，讓我們明白：**逝去並不意味著結束，愛與記憶將在時間的長河中被重新定義與延續**。正如他以自身的經歷所示，我們可以在苦痛中找到繼續前行的力量，並學會如何以愛療癒傷口。

學會面對是人生最大的學問，李文斯頓似乎用自己的人生來完成了這講說。我相信，**在這本書中，你不僅會看見一位精神科醫師的智慧，更會看見一個如何用傷痛在深海之中帶來淡淡光芒的過來人，招手鼓勵：「這個人生，我們還能向前。」**

身為一位精神科醫師，在臨床生涯中，陪伴每一位病人與家屬，從人生的困境，找到繼續向前的力量，掌握生命中的可能，從風雨中綻放美麗的花朵，細讀字裡行間尤有所感，此書有相信生命的勇氣人心，我懷著濃濃敬意，推薦給每一位在人生轉角處需要啟發的朋友們。

推薦序

世界不缺幻象，缺的是戳破幻象的人

柚子甜／心靈作家

這本《這一生，你要體會的三十件事》，在我閱讀頭幾章就決定要推薦了。唯一煩惱的是，精采的地方太多了，該挑哪個部分推薦才好？

這個時代，要保持清醒比過去任何時候都難。選擇太多，逃避的岔路太多，當無常降臨、愛情破敗、家庭失和、工作卡關、年華老去，驚慌失措的你我該如何是好？噢，不想面對現實沒關係，多的是廉價成癮可供選擇：電玩、臉書、逃避承諾的情愛、庸俗的娛樂，以及潮起潮落、不知道下回輪到什麼名堂的小確幸。

而這世道最受歡迎的，自然就是販賣幻象、販賣自我感覺良好。

先讓你不喜歡自己，然後再告訴你，只要買我們的東西，穿搭我們制定的流行，服膺我們的價值觀，世界就會喜歡你。你要付出的不是覺察與改變，而是錢、錢、錢。

先讓你不接受現況，再告訴你，只要照我們的方法，輕輕鬆鬆，十四天內就能讓肌膚回春、前任回頭、高薪又有熱情的工作輕鬆到手。你要付出的不是思索與時間，而是足夠的盲目，當然還有更多的錢。

當逃避成為舉國狂歡，幻象成為遇到問題的第一首選，現代人的靈魂外層，都包裹著巨大、黏膩而厚重的泡泡，人人掙扎浮沉而趨近溺斃，卻願長醉不願醒。然而如果有哪一刻，誰膽敢挺胸上前選擇真實，**作者超過三十餘年的行醫智慧就像一根針，仁慈而鋒利地，戳破我們耽溺一生的幻象。**

閱讀書稿的時候，每隔幾行我就想要用力畫重點，甚至不忍翻下一頁，只想反覆流連在幾行字字珠璣的犀利裡，希望自己也能多被戳醒幾次。身為心靈工作者，平常也需要分析案主的內在盲點，深知要穿透層層偽裝，找到問題的核心有多麼不容易，而且多麼地，嗯，不討喜。

舉個最熟悉的例子。我在做感情諮詢時，也很容易遇到那種「悲劇英雄」式的苦情女——即使對方傷透了我，但我依然無怨無悔地體貼他、愛他、犧牲奉獻。內容分明是在抱怨，然而當對方訴說這段血淚史時，卻有一道沾沾自喜的聖女光芒，從自尊被摧殘殆盡的眼神裡，忽明忽滅地閃爍。而那樣的光芒，又恰巧能讓當事人顧影自憐，更加離不開受虐的環境。

但是無論我多麼溫柔委婉地指出真相，都很容易造成當事人的反彈——對方寧可我哄著她說，親愛的，妳很好，是他不懂得珍惜。又或是，希望我告訴她，對方還是愛妳的，只差沒要我拿出一瓶「愛情魔法油」，回去擦在額頭和胸口，七天內關係立即修復，勾勾手和好如初。

人們多半想被販賣自我感覺良好，而非清醒。

如果覺得戳破幻象很殘酷，那我們來看看同樣的故事，作者是怎麼說的。「這樣的人彷彿是在昭告天下，一個人無止盡的奉獻，可以讓別人眼中那毫無魅力的被虐狂，變得比較高貴似的。」

我為作者捏把冷汗，又為他鼓掌叫好。

世界從不缺幻象，缺的是膽敢戳破的人——而那個人就是戈登・李文斯頓醫師。

推薦序

你的「幸福人生」是什麼樣子？

凱若／HomeCEO創辦人、暢銷書作家

我曾經在一場回台演講中，用了八個字定義我認為的幸福人生：**有夢可做，有人可愛**。這也是經歷過許多高低起伏後的體悟。當下有什麼，就好好把握，好好去愛！

我過去那「創業與育兒並行」的十五年人生，看起來或許就是很多人眼中的「人生勝利組」：好的學歷、成功的事業、自在的生活模式，還有一雙漂亮的兒女，與感情融洽的婚姻。但事實上，這二十年來我也走過事業與家庭上的顛簸、商業上的背叛與傷害、移居異鄉開始新家庭、丈夫罹癌又康復等並不舒服的人生歷程。

過去我一直認為，人生就像一齣戲，由我們自己來寫劇本，我當然要將這齣戲演得精采又豐富！但當年四十出頭的我，坐在四歲兒子幼稚園外的咖啡廳讀書寫稿，心裡卻很清楚知道：**人生根本沒什麼劇本或地圖！**就算你認為有，最終多半塗塗改改成另一個你完全沒想像過的模樣。

這並不是悲觀與負面，只是**誠實**。我們能控制的事非常有限，就連「平安健康」這四個字都由不得自己；但同時，我們仍舊擁有「選擇」的權力。我們能體會此刻的感受，做出下一步的行動，決定自己該如何面對那些無法控制的事。人們普遍誤以為那些遇上人生重大事件，例如失怙喪子、身患絕症的人，肯定對人生有著不同的、更有智慧的體悟；事實上，遭遇同樣變故的人，就算身處同一個家庭，都極可能有著完全相反的反應與行為。這就是——**選擇**。

作者李文斯頓醫師遇上我完全不想遭遇的事，他失去自己的孩子。而且，還不只一次。我無法想像、更別說體會他的痛苦，我的辛苦在他面前顯得多麼微不足道。然而，他的文字間沒有尖銳的咆哮，也沒有世界大同的粉飾，只有「誠實」。身為精神科醫師的他，並不嘗試「療癒」任何人，只是平鋪直敘地說出人生的真相，有時誠實到讓人難受，但也無法否認他所點出的事實。

我特別喜歡他談到〈大多數童年創傷，已經過了『追訴期』〉，直接到讓人落淚。太多人總想要理清楚「為什麼成為今日的自己」，嘗試將過往與現今的「我」做很多連結，甚至花大把的銀子、時間，只為了「歸因」自己究竟怎麼了。事實上，過去的早已過去，無論是想追訴父母所給予的心靈創傷，或者哪份關係帶來的餘毒，最終都仍是「申告無效！」**我們終究得自己選擇一個態度，繼續過日子**。

很驚喜地發現，戈登對於幸福人生的定義，竟然與我相同。我們不需要去幻想未來，更別將美好人生寄望在理清楚所有的過去，**「決定現在」才能體會與獲得快樂**。當我逐漸放棄「控制人生」的欲望後，更能向前一步，體悟與珍惜圍繞在身邊的美好。並且感激地用僅有的時間精力，回饋宇宙所賜予的一切，好好愛人，勇敢追夢。

青春，總是走得太快，而我們呢？常常落拍、跟不上呢！

推薦序

快樂就來自——你的人生選擇權

陳嫣伊／精神科醫師

不知從何時開始，從熙攘的台北街頭、擁擠的捷運車廂中放眼望去，人們總是神色匆匆、看著手機，似乎有什麼急迫的事情要立刻處理。但事實上多半只是瀏覽網頁，看社群網站、通訊軟體，或是玩遊戲。

近年來，3C產品的發達，資訊爆炸的衝擊，導致我們愈來愈仰賴網路與手機。不知不覺中，手機占據了生活，我們關注愈來愈多的資訊、八卦或是政治新聞。相較之下，心靈卻愈來愈空虛，自我省思的時間變少了，對於人生感到茫然不安。

因應廣大空虛的心靈，勵志故事與自我成長等書籍在市面上變得暢銷、受歡迎。而勵志書的作者背景非常廣泛，可能是素人分享創傷後復原的心路歷程、異軍突起的網紅談論人生特殊經驗與觀點，或是心理專家分析人際關係與感情問題。

讓人眼花撩亂的心理書籍中，我特別感興趣的，是同樣身為精神科醫師所撰寫的勵志書。因為對於一個精神科醫師而言，他會聽到許多不同的人生故事；若是專業用心的精神科醫師，在聆聽故事的當下，除了對患者有專業合適的診療之外，對於人生也會有不同的啟發。

《這一生，你要體會的三十件事》作者戈登・李文斯頓，就是一位令人欽佩的精神科醫師。看完這本書，我不僅感受到作者身為精神科醫師應具備的專業，更**看見許多人性光芒的表露與深入的心靈指引**。

作者本身經歷了越戰、連續的喪子之痛，與後來得知自己是養子身分的心路歷程。可以想見他曾經多麼脆弱，又如何讓自己堅強走下去。跟著書中描述的人生經歷與他的所見所聞，我常與他一同深陷其中的苦惱，後來又隨之感受到撥雲見日的轉變。

這本書在自我成長與人際關係上，提出了很多精采深刻的觀點，像是：

我們並不是我們想的或說的東西，我們是由行動所定義；最糟糕的謊言，當然就是用來欺騙自己的；要改變我們的行為，必須先想辦法辨識出自己的情緒需求；想要擺脫無力控制負面情緒的無助感，只有克服恐懼和沮喪的決心，才是真正有效的態度；不願冒任何風險才是最大的風險；那些我們引以為傲的特質，可能正是我們失敗的原因……。

書中有太多深入刻劃人心的論述，值得讀者們一探究竟。此外像是如何找尋合適的伴侶，感情問題、親子關係、面對老年的適應等不同的人生議題，作者同樣提出不錯的見解，供我們參考與省思。

其中讓我印象最深刻的觀點是：作者認為面對困難與挫折，人們總是習慣逃避。這種逃避可能是潛意識，無法從表面得知。只有藉由自我省思，提升自我覺察，勇於面對問題與對自己負責，才能突破困境，活出自己想要的人生。

閱讀這本書時，常常讓我想起診間的某些病患，或是曾經歷過類似問題的親友們。

有些人經歷過苦難後，讓自己脫胎換骨變成更堅強、更懂得生活的人；而有些人卻過不了自己那一關，卡在過去的困擾或是創傷裡，遲遲無法面對自己與未來的人生。

我常跟患者說，藥物能解決的都是最簡單的問題。藥物以外，需要靠自己克服與心理調適的問題，才是最困難的部分。醫師與治療師的角色只是協助，真正能讓自己好起來的，只有你自己。對照到作者強調的重點，**人生選擇權掌握在自己的手上，當我們行使的選擇愈多，就愈可能得到快樂**。

真心推薦讀者們這本專業的「人生智慧指引」，希望大家可以找到屬於自己的人生地圖。

推薦序

三十個對號入座的邀請

蘇益賢／臨床心理師、臉書粉絲專頁「心理師想跟你說」共同創辦人

對民眾來說，心理諮商、心理治療還是個有點神祕的概念。到底，治療室裡面發生什麼事情？治療師會說些什麼話呢？還是像「全知者」一樣，掐指一算，鐵口直斷給出一個建議？如果諮商無法得到某些答案或建議，那為什麼可以幫助我們？

《這一生，你要體會的三十件事》這本書，正是個一窺心理諮商神祕面紗的好機會。在閱讀這三十篇短文的過程，彷彿看見了三十個（甚至是更多人）的生命困境。以及在面對這些困境時，身為助人者的戈登．李文斯頓醫師，如何以他的知識與自身的生命經驗，細細咀嚼許多案主在不同時空、說出口的類似話語，並從中敏銳帶出許多「改變與

不變」、「接納與面對」的可能性。

說穿了，諮商並不是一個用來給予「建議」的歷程。畢竟，**唯有自己可以替自己的人生負責**。真要說，諮商比較像是一種「催化」的過程，讓原本需要一段時間才能長出來的什麼（好比頓悟或啟發），可以因為一段真誠、溫暖、一致且信任的關係，被加速地孕育出來。

這也是本書讀起來並不如你所想這麼「暖心」，有時甚至讓人覺得「好了、好了，你先別說了！我還沒準備好」的原因。在諮商室裡，出現的情緒不總是歡樂而舒服的。更多時候，我們勇敢卻坦然地哭著。雖看似難堪，但**這種發自內心的誠實，卻是未來我們面對其他難題時，可以變得勇敢的原因**。

面對人生許多反覆出現的困擾，很多時候，我們其實自己心知肚明些什麼。只是，也許還沒準備好面對吧！不過，當個案願意前來諮商時，就意味著他開始試著想面對了。或許，正如當下閱讀本文、拾起本書的你，也正尋覓著一些方法，來鼓勵自己勇敢面對某個逃避已久的人事物。

三十篇文章讀下來，你會發現，這些文章怎麼有時好像是針對自己而寫的。人生難題有上千萬種，但當我們透過一些架構與工具抽絲剝繭後會發現，常見的核心議題不外乎是那幾個。只是許多時候，我們停留在問題表層打轉，而欠缺一個深入問題核心的切入點。而我相信，不管是接受諮商，又或者自己透過閱讀、電影、藝術、宗教，或走入大自然一會兒，都是一種尋找切入點的有效方法。

在《這一生，你要體會的三十件事》裡，作者用心準備了三十個切入點，**歡迎讀者帶著自己的人生故事，對號入座**。從中尋找一些對自己有幫助的「當頭棒喝」。若遇到一些沒什麼感覺的切入點，那也無妨，不用急著逼自己「找到一些什麼」。也許是時機未到，又或者是我們的內心還沒準備好理解這些，請耐心給自己一點時間。

亦或是，隨意翻閱本書之後，就放下書本去過日子吧！假以時日，當你想找人說些什麼、聊聊近況的時候，再從架上拿下這本書。重新讀起某些熟悉卻不再一如往常的篇章，我們或許又能從中再找到一些過去沒發現的啟發。

前言

人生充滿變數，戈登告訴我唯一能做的事

文／伊麗莎白・愛德華茲（Elizabeth Edwards，知名律師）

過去八年來，我和戈登・李文斯頓博士只見過一次面，但他卻成為我生命中非常重要的一個人。

我們都不年輕，卻受益於年輕人的溝通方式：透過一個痛失孩子的家長網路社群認識。當時我的孩子剛過世，那段時間，戈登和其他家長是我最需要的援手。他們理解我正墜入的那個深淵，雖然努力試著、有時候卻是無心使出全力抓住一點什麼，來讓自己停止墜落。

實在很難言喻，在當初那段日子裡，戈登的沉穩言辭對我有多大意義，甚至他還經

驗兩次失去愛子的傷痛，對於我們這些墜入深淵的人來說，也是難以接受的事實。

我很幸運，竟然能夠抓住戈登，他既直言不諱也同理接納。雖然他的話語很實在，卻不會淪為說教或批判：他照亮了我的所在之地，讓我看清自己和周遭世界。接著，他舉起光源讓我看到，想要恢復有生氣的人生，需要什麼樣的立足之地。

同樣的喪子之慟，他懂

這些年來，我對戈登的認識是，無論我們面臨著共同經歷過——落入的痛苦深淵，還是像《愛麗絲夢遊仙境》中掉進的兔子裡——「一下子太小，一下子太大，沒有一件事是原本該有的模樣」，但是在他細膩敏銳的話語中，傳達出遠遠超過他那不尋常人生經歷的智慧。

書裡的每篇文章都像是為每位讀者開啟的一扇窗，而過去八年，我何其有幸就坐在這扇窗邊。這是一本每當我們需要體貼又思慮周延的聲音時，隨時可以拿起的書。就像我經常打開桌面上那個名為「戈登」的資料夾一樣，裡面收集了他的電子郵件和貼文。

當我需要時，就重溫那個堅忍可靠、充滿希望的「聲音」，即使他不會提供任何保證。因為他知道，如同任何人也早就知道的：**人生充滿變數，我們唯一能做的，就是調整好自己，順著這個顛簸的旅途前進**。

有一次戈登寫信告訴我：「我只知道自己的感覺，以及自己的希望。」這就是他慣有的輕描淡寫。他似乎也知道我的感覺和希望，還有你的感覺與希望，以及其中哪些感覺是真實的、哪些希望是可以達成的。

曾是飛行員的戈登說道：「我希望當（飛機）空速表上的速度達到六十時，可以把操控桿往後拉，然後這東西就會起飛。我曾請人為我解釋這個物理現象不下上百次，白努利（Daniel Bernoulli）偶然發現這個正確的定理（編按：一七三八年提出流體力學的白努利定律），但它看起來還是像個奇蹟。」這些話聽起來很真實，因為戈登雖然經驗豐富，但仍保有初學者的純真信念。

我想，這才是真正的朋友

我在讀他的文章時，想起一部幫助自我提升的電視劇，預告的內容是：「你的朋友不會告訴你……但我們不是你的朋友，所以我們會告訴你。」不過，或許這才是真正朋友會做的事：說出那些我們必須知道的逆耳忠言，如果我們想要變得更堅強、更好、更寬容、更勇敢、更善良的話。

戈登的話語有時會令人覺得刺耳、不太舒服。當你想窩在椅子上看電視，直到熄燈為止，他卻會將你從那張舒適的椅子上拉起來。當然，那是為你著想。同時，他在警告著，我們能控制的事情有限；也提醒著，我們從未被剝奪選擇的權力。他就像個睿智的家長，溫柔而堅定將我們推向正確的方向。

戈登和我來自不一樣的世界，對很多事物都有不同觀點。無論我們看法相同，還是有意見不同（甚至連書中某些文章看法也是），我都很欣賞他能以令人信服的方式表達看法，又不會帶著時下大部分對話中特有的敵意和粗野。而且當我們意見相左時，他總能為自己的觀點做出最佳辯護，這是唯一令我相當懊惱的事。

我非常榮幸能為這本書寫序言，向還不認識他的讀者，介紹戈登・李文斯頓的優雅及善意。更重要的是，我很感激能有機會向戈登複述他兒子盧卡斯（Lucas）說過的話。

戈登曾經捐贈骨髓給盧卡斯，然而期待中的醫療奇蹟並沒有發生，六歲的盧卡斯在臨終前說：「我好喜歡你的聲音。」

本文作者伊麗莎白・愛德華茲是一位事業有成的律師，也是熱情的兒童議題倡導者。積極參與許多慈善團體活動，包括美國「出生缺陷基金會」(March of Dimes)、北卡羅來納大學監事會（University of North Carolina Board of Visitors）、給孩子們的書（Books for Kids）、以及韋德・愛德華茲基金會（Wade Edwards Foun-dation）。她與約翰・愛德華茲（John Edwards，前美國參議員）育有四名子女：韋德（於一九九六年過世）、凱特（Cate）、愛瑪克萊兒（Emma Claire）和傑克（Jack）。

PART 1

做自己

Be yourself

生命中這些「遊手好閒」和「迂迴繞道」的過程，
才真正定義了我們是誰。
人生中最重要的追尋，是沒有地圖可以引導我們的。

第1章

如果地圖與實地不符，何不讓內心導航

年輕時，我曾在八十二空降師（82nd Airborne Division）擔任中尉。有一次，我在北卡羅來納州布拉格堡（Fort Bragg）的野外查看方位。當我站在那裡研究地圖時，那一排的中士朝我走來問道：「中尉，你找到我們的位置了嗎？」

我回答：「噢，地圖上顯示那裡應該有座小山，可是我沒有看到。」

「報告長官，」他說：「**如果手上的地圖與實地不符，那麼地圖就是錯的**。」這位中士是位老兵，也輔佐過許多年輕軍官，當時的我聽到他這番話，也知道自己聽見一個深刻的真理。

傾聽那些「意外的人生」故事

多年來，我一直在傾聽別人的故事，尤其是各種出乎意料的人生故事。我發現**在人生的旅程中，我們總是努力讓腦中的地圖和腳下走的路相符**。

在理想狀況下，這個過程會隨著我們的成長而發生。父母們以自己的人生為借鏡，教導孩子他們所學到的教訓。可惜的是，我們很少完全接受這些教訓。最常發生的狀況是，我們往往覺得父母的生活並沒有什麼有用的經驗。因此，我們所知的大部分事情，都是透過痛苦的嘗試和試錯過程學來。

如果要挑出一個大多數人都需要指導的重要人生任務，我們可以看看選擇（與維持）伴侶這件事。根據統計，超過一半的婚姻都以離婚收場，顯示出人們普遍在這個人生功課上表現不佳。當我們回顧自己父母的婚姻關係時，通常不會感到安心。我發現很少有人對自己原生家庭的關係感到滿意，即使他們父母的婚姻已經維持數十年。他們常形容自己的雙親過著非常無聊或充滿衝突的生活，這種婚姻生活雖符合經濟原則，卻缺少激情或情感上的滿足。

人都會變，那要如何天長地久？

想要預測一個人五年後是什麼樣子（或我們還會多喜歡這個人），都不太可能了，更遑論五十年後會發生什麼事。我們必須承認，這個社會正轉變為某種「連續型一夫一妻制」(serial monogamy，編按：個人終其一生有好幾個伴侶，但同一時間只會有一名)。

這說明了人都會改變，期待年輕時的愛情可以天長地久，這種想法根本過度天真。可是問題在於，連續型一夫一妻制的關係並不適合養育子女。因為孩子剛開始建構這個世界運作方式的地圖，需要穩定性與安全感，但這種關係模式無法提供。

那麼，我們到底需要知道什麼，才能判斷某人是否適合成為終生伴侶？或許，有一種方法——**從明顯「不適合」的人開始進行篩選**。而要做出這樣的判斷，必須對人格特質有所了解。

我們在思考人格特質時，總習慣用最膚淺的方式，像是「他很有個性」，來形容某個人很有魅力或很有趣。事實上，在人格特質的正式定義中，包含：一個人的思維模式、感受方式，以及和他人相處方式。

精神醫學裡的「人格」分類

每個人的個性都不盡相同，有人天性內向、有人講究細節、有人善於忍受無聊、有人特別樂意助人、還有人具有恆心、毅力等不同的人格特質。然而多數人沒意識到的是，那些我們所重視的特質，像是仁慈、寬容、信守承諾等，都不是隨機出現，通常具有「群聚的習性」，這些特質很容易辨識，而且隨著時間推進會表現得更加穩定。

同樣那些比較不討人喜歡的特質，好比衝動、自我中心、急躁易怒等，也是會以明顯的方式聚集在一起。我們在發展與維持人際關係所遇到的困難，往往源自於無法分辨自己或是他人身上有這些人格特質，而成為無法長相廝守的理想對象。

精神醫學界花了不少工夫對這些人格障礙（personality disorders）進行分類，包括：戲劇型（歇斯底里型）人格障礙、自戀型人格障礙、依賴型人格障礙、邊緣型人格障礙等。這些收錄的名稱組成一系列令人不舒服的個性：多疑、自私、讓人難以捉摸、剝削他人等。

我一直覺得，診斷手冊中這個章節標題應該命名為「應該避開的人類」。而這些人也是你的母親時時警告你要避開的人（不幸的是，有時候那個人就是她自己）。

事實上，這類人很少會以統計手冊中標示的明顯狀態存在，但是**學習如何分辨他們，就能免去許多心碎經驗。**

擬一份「美好人格清單」

我認為還有一個同樣有用的方法，就是一份「美好人格特質」簡介，描述自己應該培養的美德，以及要尋找什麼特質的朋友和戀愛對象。

這份清單的第一順位是「仁慈」，也就是願意為他人奉獻自己；這項美德掌管了其他所有美好的特質，包括同理心與愛人的能力。但是如同其他型式的藝術一樣，我們可能很難定義「仁慈」，不過一旦遇到就會感覺得到。

這就是我們很希望在自己腦中建構的地圖：一份可靠的指引，讓我們避開那些不值得花時間相處和付出信任的人，擁抱那些值得的對象。

如何分辨那張隨時在試驗的「人生地圖」是否出錯，有一個判斷方式——注意我們是否有悲傷、憤怒、背叛、意外和迷惑的感覺。當這些感覺浮現時，就得**好好思考自己內心的導航指引**，以及想辦法導正它。這樣一來，我們才不會落入重蹈覆轍的模式中，白白浪費自己從痛苦經驗中學到的心得。

第2章

你冒過最大的風險是什麼？

「改變」的先決條件，通常都是了解自己為什麼會做某件事。尤其那些對我們毫無益處的重複行為模式，更是如此。

蘇格拉底的名言：「未經反省的人生不值得活。」就是這個意思。不過，大多數人都沒有聽取這位智者的建議，印證了人們要自我反省是一件相當困難，也可能讓自己難堪的事。

人們為何這樣做事、那樣生活的理由，通常都很模糊。我們以為自己的行為大多出於有意識的選擇，其實不然。心理學家佛洛伊德的最大專業貢獻，就是對大腦潛意識的研究。他認為，潛意識在我們的意識底下運作，影響人的行為。

一想到自己大部分的行為，竟可能是毫無意識的動機，令許多人感到膽戰心驚。尤其人們被要求注意自己的夢境和不小心說溜嘴的話，以便進一步了解不想面對的想法與衝動時，更為此感到困窘失措。

重複行為模式背後，被忽略的潛意識

就像當年「水門案」發生時，美國前總統尼克森在國會發表演說時，他脫口而出：「是時候擺脫我們名譽掃地的『總統』（president）……我是說，當前（present）的福利制度了。」（譯按：尼克森總統把「當前」說成「總統」）或是像美國前國務卿萊斯（Condoleezza Rice）某次發言時，開頭就說：「正如我告訴我丈……呃，正如我告訴布希總統的……」

一旦我們承認，在意識底下存在著被壓抑的欲望、厭惡和動機的一片沼澤，而這些情感會影響我們的日常行為時，便邁出自我了解的重要一步。不過，這裡有個矛盾之處——如果我們否認這樣的內心世界存在（就像非常害怕精神科醫師的尼克森總統），當執意控制的一切居然崩壞時，會為此感到驚訝不已。（他為什麼會選擇錄下並保存那些犯罪行為的談話錄音，因而斷送總統前程呢？）

忽視潛意識的存在，往往會導致麻煩的結果，其中，最引人注意的是：毀滅性的行為模式。也就是驚訝地發現，**自己怎麼一直犯同樣錯誤**。

看看我們文化中不斷出現的行為模式，遇人不淑的女人為什麼總是選擇和她父親相似的男人，從酗酒到暴力傾向都相似？還有抗拒權威的男人，換了好幾份工作，最後都是與上司起衝突搞到不歡而散。

要改變這種慣性且適應不良的行為模式，必須先承認這種模式的存在。拒絕承認的人，寧可說這只是巧合，或刻意將其視為單一事件，把責任推到其他人身上。例如上述那位抗拒服從權威、老是有問題的男人，當他不斷收到超速罰單時，通常很難把這件事與工作困境聯想在一起。

生命中的「為什麼」和「為什麼不」

若是人們不願意回答生命中的「為什麼？」通常也沒辦法回答「為什麼不？」因為

後者意味著風險。

大部分人或多或少都會迴避風險，總是一味按照習慣行事，害怕改變。特別是遇到那些可能會被拒絕的事情時，我們都會選擇迴避，表現出自己好像很脆弱，必須受到保護一樣。

一般人認為，這些恐懼會隨著年齡增長和經驗累積而改善，但事實往往相反。舉個例子，人生中很常見也很重要的一項追求，就是中年尋找伴侶。

在對抗孤單寂寞之際，還要對抗隨之而來的憂鬱。交友網站的大受歡迎，顯見人人都需要陪伴。但因為這個社會崇尚青春美麗，貶低年長者的價值，所以人到中年時，就會覺得自己已經失去魅力，沒有自信再去約會和考慮親密關係。就連常用的字彙也背叛了我們，「男朋友」(boyfriend)和「女朋友」(girlfriend)用在四、五十歲的人身上，總是格外彆扭尷尬。

當新事物擺在眼前，能讓一切動起來的問題應該是「為什麼不？」但人們總是用「為什麼要？」來防衛自己，避免失望。對這群人來說，尋找伴侶成為一件非常可怕的任務，令人猶豫、躊躇不前，他們會找無數藉口，就是不想把握機會，讓人知道自己單身。許多人寧願選擇繼續寂寞，也不願接下認識新朋友的艱困任務，因為會有被拒絕的風險。很常出現的藉口，像是「所有好男人都結婚了」或「這些女人都有太多包袱」，這些話我都聽膩了。

走出舒適圈，接受風險贏來幸福

我經常問那些規避風險的人：「**你冒過最大的風險是什麼？**」

他們這才意識到，自己選擇一個多麼「安全」的生活。有些人用來考驗自己的方法，包括：接觸性運動（譯按：肢體會互相碰觸的運動，像是橄欖球）、當背包客遊歐洲、從軍等，不過，多數人都覺得這些事情不適合自己。

當我們一心一意只關注安全與保障時，就會失去一些東西——像是冒險的精神。**人生就是一場賭博，我們沒有權力選擇手中的牌，但有責任盡己所能把這副牌打到最好。**

在這場賭博中，**最大的賭注就是我們的心**。我們從哪裡學會這麼做？如果要用安全的方式來玩這場遊戲，又該如何在犯錯的風險與注定孤單之間取得平衡？在我們的生活中，最危險的莫過於兩種極端：一邊是憤世嫉俗，另一邊則是有勇無謀。

跟大多數的遊戲不同，「人生遊戲」的結果就是要讓每個參與者都得到報酬。如果我們把它當成是一場競賽，那就輸定了。但是，要如何確定其他人也有同樣的合作態度呢？

這就是我們必須接受風險的地方了。**有時候我們得承受風險，才有機會贏得幸福。**在別的活動中，我們不會期待自己一開始就擁有熟練的技術。每個人都知道學習曲線的概念，有時歷經痛苦的錯誤，才能變得熟練。應該沒有人相信，不跌倒就能成為滑雪高手；但許多人在努力尋找值得愛的對象時，對於伴隨而來的傷害痛苦，卻總是大驚小怪。

為了達成這個目標，**承受必須的風險，是勇氣十足的表現。而拒絕承受風險，只想保護我們內心免受任何損傷，則是放棄希望的行為。**

第3章

有時迂迴、有時迷惘，才能找到自己

美國人是個直線思考的民族，我們重視看得見的目標，並尋找通往這些目標最直接的方法。教育制度將我們送上一步一步進展的道路，人們應該遵守的規則十分清楚，就是服從權威、努力工作，以及與他人合作。在教育體系的層層約束下，原創想法是極其珍貴的東西。我們被教導要完成上級交派的工作，等到熬得夠久了，就可以換我們叫別人做事。

在定義我們的所有條件中，教育與成功的關係似乎最為密切，所以我們從小就被督促要在學校表現優異，成功畢業就是邁向美好人生的必備步驟。這段過程中隱含著一個承諾：要遵守指示、取悅他人、服從規定，你就能得到幸福快樂。

我跟很多人聊過，尤其是人近中年的男性，他們有穩定的工作，擁有自己的房子，已結婚生子，平均有二・二個小孩，但仍然感覺莫名的迷惘，覺得自己並沒有實現當初跟這個社會體制所達成的協議。當初他們想要得到的一切，如今看來彷彿是個包袱重擔，讓他們不禁回想自己究竟錯過了什麼。

叛逆青春，繞了一圈學到的事

在直線前進、目標導向的人生中，經常被忽略的一件事就是性生活。在這個迷戀性行為的文化裡，幾乎每個人都覺得沒有得到自己應得的那一份。這一點在男人身上特別明顯。

因為社會化的緣故，他們彼此競爭、追求迷人的女性，而他們對自己的評價，也跟性生活是否滿足息息相關。否則我們又該如何解釋，男人到了一定年紀，就會產生身分認同危機，導致他們紛紛搞外遇或買跑車呢？他們口中的故事多半是：壓抑的青春期、早婚、不滿意的工作，以及對刺激的渴望。

在一九六〇和七〇年代，有一段時期，年輕人表達青春期叛逆的方式就是「輟學」。

他們對於父母追求物質所創造出的世界感到幻滅，對越戰感到疏離，所以許多年輕人乾脆拒絕追求傳統的成功之路。

老一輩對這種「反傳統文化」既恐懼又厭惡。因為年輕人聽著他們無法理解的音樂、吸食毒品，對性關係態度隨便，使得他們在沉痛譴責對方的同時，又有些羨慕。

這些叛逆的年輕人長大後，大部分都跟他們的父母一樣，成為白領階級的專業人士。但無法抹滅的事實是，他們在人生旅程中愉快繞了一大圈所學到的，以及教給我們其他人的事情。

人近中年的另類「流浪」與勇氣

很久以前，美國詩人史蒂芬．文森．畢內特（Stephen Vincent Ben.t）這樣說過：

金錢沉重而智慧狡猾，但青春是空中飄揚的花粉，從來不問為什麼。

即使到了現在，還是有一群熱愛冒險的年輕人，願意跳下正規的教育列車，給自己一段時間去看看世界：加入軍隊或和平工作團；或是以教室裡沒有的方式來自我教育。

在人生中期時，轉換工作、婚姻失和、心靈探索等，也都算是某種形式的「流浪」。看似違反常態，卻可能表現出為了追求幸福和人生意義，而願意去冒險的無限勇氣。

若在一九六〇年代，這些探索追尋有時被稱為「試圖找尋自我。」（有位家長嘲諷地說，在這段特別漫長的追尋期間，他的小孩已經有足夠時間可以找到好幾個人了。）

雖然，兩個點之間最短的距離就是直線，但人生總有辦法打破幾何學原理。通常，**這些「遊手好閒」和「迂迴繞道」的過程，才真正定義了我們是誰**。最重要的追尋，是沒有地圖可以引導我們的，必須仰賴希望、機會、直覺，和接受意外的意願。

第4章

我們一直逃避的真相，終究逃不掉

三十四歲那一年，我接受住院醫師的訓練，有一項任務是接受精神分析。那一天，我的心理分析師告訴我，我是被領養的。

當時我躺在沙發上，才剛進行完「自由聯想」(free-associating，編按：在心理分析治療中，鼓勵患者以完全自由的方式說出任何想法、意念或記憶)。我談起自己最近參加一場研討會，與會人士中有一群從小就被領養的成年人，他們談起如何尋找自己親生父母。

我的心理分析師問我，如果我是他們會怎麼做。我回答說，當然會去尋找親生父母。接著他說：「那就開始找吧！」

「你在說什麼？我是被領養的嗎？」

「是的。」

「你怎麼會知道？」

他之所以知情，是因為和我分居的妻子去看心理治療師。她的心理治療師在一場宴會上和我的心理分析師談話，然後問他：「李文斯頓醫師知道自己是被領養的嗎？」

我的心理分析師回答：「他從來沒提過。」

不願面對的真相背後

原來早在好幾年前，我的妻子就從某個家族朋友那聽說這件事。但她覺得要不要告訴我這個事實，理當是我「父母」的權利。當她和他們討論後，他們拒絕了。於是，我的妻子把這件事告訴心理治療師，對方又告訴我的心理分析師，而他想出一個辦法，就是把這件事帶到精神分析的單向談話中。

這種徹底違背職業道德，說出患者隱私的行為，實在叫人震驚。但我至今仍感激我的心理分析師有勇氣這麼做。

這個消息讓我當下倉皇失措。我的父母從沒提過這件事，我也曾覺得奇怪，為什麼熱愛拍照的父親，從沒拍過我一歲以前的照片；另一件讓我疑惑的事情是，我是在曼菲斯（Memphis，位於田納西州）出生的，但當時我的父母都住在芝加哥。父親對我解釋，當時他在政府機關上班，因為短期公差才到田納西州。而我的出生證明文件上，清楚記載我是由他們所生——這當然是個謊言。

在我發現自己是被領養的身世不久前，我的母親剛過世，但我跟父親談論這個話題的狀況並不順利。我對父親的欺騙感到生氣，但同時理解他心中的恐懼：如果我知道真相，就不完全是他的兒子了。

尋找我的生身父母

老實說，尋找自己的親生父母一事，讓我覺得相當興奮。知道自己在基因上並非注定跟父親一樣不可，我鬆了一口氣。我感到自由、好奇，還有一點飄飄然的感覺。

父親說他不記得太多領養的細節，還發誓從不曉得我的真實姓名。最後證明，這個說法也是假的。

我前往曼菲斯，並且聘請了一位律師。這位律師透過地方熟人關係和一些巧妙手段，取得這些年來一直被法院封存的領養紀錄。上面有我生父的名字：大衛·艾弗列德·傅爾克（David Alfred Faulk），以及生母的名字，露絲（Ruth）。

原來，當年我被遺棄在田納西兒童之家。這是個惡名昭彰的販嬰機構，由不肖法官提供法院的讓渡書，而田納西兒童之家就把孩子送到全國各地的富裕家庭。我打電話給父親，問他當年為我花了多少錢。許多人都想知道自己的身價，我知道我的：五百美元。

律師要我把尋人任務交給他，理由是「你不知道自己會找到什麼，有些孩子是精神病院的患者所生。」但我認為，不管發現任何事和任何人，自己都可以應付。我也相信，知道總比不知道好。

之後我找到的第一群人，是在我人生第一年照顧我的寄養家庭。當我開始根據曼菲斯市的電話簿打電話找人時，我手邊的線索只有一個姓氏。打到大概是第十通電話，當我表明自己的身分時，就聽到電話那頭的男人對某人說：「嘿，媽，是小博打來的。」

這位寄養家庭的女主人是個八十幾歲的老太太，我去拜訪的時候，她拿出我六個月大時的照片。她的先生經營加油站，小孩都沒有上大學。我試著想像自己現在操著一口田納西的慵懶口音，身上穿著技工制服，名牌上寫著「博」。

為了歡迎我回來，他們全家人聚在一起，並且告訴我，把我留在他們家的人是我的生母。她是密西西比州維克斯堡（Vicksburg）人。於是，我開始打電話給維克斯堡電話簿上姓傅爾克的人。很快就跟生母的姊姊通上電話，但是這次，我說自己是露絲老朋友的兒子，想請問露絲在哪裡。

她告訴我，露絲住在亞特蘭大市（Atlanta），在一間出版社工作。當我趕到那裡，打了通電話給露絲，直接告知我是誰，想要見她一面。當公寓大門打開時，我看見一個長得和我很像的人。對方問我：「你怎麼那麼久才來？」

過去的錯誤仍會有美好結果

我的生母露絲生於信仰虔誠的宗教家庭，本來是位老師，讓她未婚懷孕的那個男人不願意結婚，只願意支付非法墮胎的費用。於是她斷然拒絕，獨自旅行到曼菲斯生產，然後把我留在那裡。

她說，本來打算日後去接我，但當她打電話到那個機構時，已經晚了一步。結果她終生未婚，因為「覺得自己沒有那個資格」。當時她在小學教書。到了我就學年齡，便隨著我應該就讀的年級，每年更換任教班級。

我的生母從來不曾原諒自己，「**沒有活在當下**」。知道我現在一切安好，她才鬆了一口氣。而我則感謝她賜予我的生命。

當然，我也很好奇生父是怎樣的人。露絲給了我一個名字，不過，他在幾年前過世，留下一個女兒。我找到對方的住處後打了電話，心裡想著，我本來是獨子，最後卻多了一個同父異母的妹妹。

對方很高興接到我的來電，但令我意外的是，這個「妹妹」也是被領養的，一直想要尋找她的親生父母。所以，我們雖然有共同的父親，但還算得上是「親屬」關係嗎？我生父的太太沒有辦法懷孕，但他卻藏著親生兒子流落在外的祕密，不知道當時的他是怎麼想的？

之後，生父的女兒寄了張照片給我，這是我僅有一件關於他的東西。當下，我理解那些父親戰死沙場的遺孤，看著自己不記得或沒見過的父親老照片，心裡是什麼感覺。

我彷彿在生父的眼中看見悲傷，如果能跟他講上一會兒話就好了。告訴他，我現在過得很好。**他一時激情留下的錯誤，如今有了美好的結果。如果我不能愛他，但願我能給他一些平靜。**

第5章

原諒是一種放下，是送給自己的禮物

人生就像是一連串的割捨，為了我們最終捨棄這副皮囊而預先排演。既然如此，人為什麼那麼難以割捨過往呢？因為回憶無論好壞，都能帶給我們一種持續感。它把過去許多個「我」，跟現在暫居在這個不斷改變的肉體裡的我，連結在一起。

讓每個人得以獨一無二的各種習慣和制約，就像個陀螺儀，讓我們對生活的反應具有可預測性。這對自己和想要認識我們的人，都相當有價值。過往的種種，如同是船舶的錨可以帶來穩定性，有時卻又妨礙我們適應新環境。

很少人擁有完美的童年，因此，我們很容易陷入自我定義中，用「童年創傷」來解釋為什麼現在的自己沒有過著理想的生活。**「活在過去」的問題是，它阻礙了**

我們改變，使得內心充滿悲觀。

想要了解自己，就必須回頭看我們過去的生活。這就是為什麼任何有效的心理治療，都會講述自己的故事。在「忽略過去」和「沉溺過去」之間的某個地方，可以讓我們從發生的事件中學習——包括曾犯下難以避免的錯誤——並且將這些認知納入未來的計畫中。

在這個過程中，無可避免的是需要「**練習原諒**」。也就是說，即使我們有再充分的理由去怨恨，仍要放下心中的憤恨不平。

原諒，經常會與「遺忘」或「和解」混淆，但其實它跟兩者並不相同。**原諒不是一件為他人做的事，而是我們送給自己的禮物**。就像所有真正的療癒一樣，它存在於愛與公正的交叉點。

承認我們被傷害過，但選擇放下怨恨或報復的想法，需要高度的情緒與道德成熟度。這是從壓迫中釋放自己的方法，也是充滿希望的表述——**相信自己有能力改變**。如果能放下深植於過去的執著和虛假的解釋，就可以自由選擇要用什麼態度面對現在和未來。這牽涉到你是否有堅定的意識和決心；而意識與決心，便是無助和焦慮感的有效解藥，能消除我們大部分的不快樂。

如何哀悼那些失去，仍不失希望

當人們思索生命中不可避免的失去時，如何哀悼的方式以及賦予這段經歷意義，決定了我們如何面對未來。我們最大的挑戰就在於，如何一直保持希望。

許多人選擇以宗教看待希望。想著自己活在慈愛上帝的指引中，而且應許了永生，這確實是一大安慰。同時為許多信眾回答了普世的問題、一句關於人類存在的短詩：「為什麼是我？」宗教也提供我們一個方法來處理無常和顯然無法預測的重大損失，為所有世間事找到解釋。而我們只需要知道凡人難以理解上帝的方法，擁有終極的良善就好了——這樣的想法讓我們如釋重負。

那些像我一樣的懷疑論者，無法或不願意接受這些重大問題只有如此簡單的回答，只能獨自背負活在無常之中的艱難任務。宗教的簡潔陳述安慰不了我們，反之，我們必須不依靠任何宗教信仰，掙扎著為自己的生命建立某種意義基礎。因為，只要是信仰便需不斷崇拜創造人、並給人們一套教條的神明，才能擊敗我們共同的命運——死亡。

原諒的某種形式，是悲痛的終點。

我六歲大的兒子，死於骨髓移植手術的併發症。這項手術本來應該是治療他的白血病，而捐贈人是我。慢慢地，我和他的死亡妥協——不是接受、不是封閉，也絕對不是遺忘——這一直是我對寬恕所做的練習：原諒當初建議動手術的醫師，也原諒自己的骨髓沒能拯救他。

當我為兒子的生命禱告時，其實是出自絕望的舉動，甚至期待透過宗教信仰或許能夠拯救最珍貴的他。在他完美的身體裡，產生細胞突變而導致死亡，從那一刻開始我就深信，任何允許這件事情發生的神，都不值得我多花任何一點時間思量。

我很羨慕那些經歷這樣的失去後，還能夠維持信仰的人，甚至為之想像出某種目的。但我做不到！我還是希望有一天，能與兒子的靈魂重聚，所以我到底算哪門子的不可知論者呢？

回應那些委屈、不幸的態度

每個人的身上都背負著傷痕、被拒絕，或遭遇不公平的回憶，有時候，我們帶著悲痛的決心緊抓住這些痛苦，對那些讓我們不快樂的人或團體耿耿於懷。

我們活在一個充滿委屈的文化中。如果每個不幸都可以歸咎他人，那我們就可以不用再檢視自己的行為，或是接受人生來就是充滿災難的現實。但最嚴重的是，把責任歸咎給其他人，我們自己會錯過在治療上的一個重要觀念——**發生在我們身上的事，遠不及我們所採取的回應態度重要**。

幾年前，我排隊等待滑雪纜車時，被一輛無人駕駛、油門被凍住的雪地摩托車撞倒，傷勢導致我短時間行動不便，但不是永久性的傷害。對我來說，這件事充其量只是另一件世事難料的災禍。我無法說服自己，籌錢打個官司就可以從此提高雪地摩托車的安全性能。事後，滑雪場老闆向我道歉，給了一些免費的纜車搭乘券，事情就這樣結束。而我從這次經驗中得到一個好故事，日後也對這些大型移動機械的力量多了分敬畏。

靜下來想想，每個人的一生都難免遭受輕蔑、侮辱和指責，甚至還有更重要的——像是那些沒有實現的夢想。再想想，在最親密的人際關係中，怎麼會充滿牢騷和積怨？對多數人而言，不斷因過去的傷痕而責怪他人，會使得我們分心並忽略真正重要的問題，那就是——**我們現在該做什麼，才能改善生活**。

對許多人而言，過去就像一齣永不落幕的娛樂片，儘管經常讓人感到傷痛，卻還是一遍又一遍的重播。它包含了所有解釋、所有悲慘、所有戲劇化的事件，說明我們如何成為今天的自己。當我們對照當時其他人的記憶版本時，可能發現大部分回憶其實都出自我們的想像，而且仍有占據我們注意力的強大能力。究竟何時才能停止？事到如今，那些委屈不公和傷害已經無法改變，繼續緊抓著憤怒和不快樂，又有什麼意義？我們還有別的選擇嗎？

與自己的過去和解，就是一段「原諒」與「放下」的過程。說起來簡單，卻是最困難的一件事——既需要展現意志，又需要放下。直到你真正行動的前一刻，它看起來就像是件不可能的任務。

你的墓誌銘想寫什麼？

我經常建議人們為自己寫墓誌銘，作為反思的練習。只用短短幾個字總結自己的一生，也引起許多人的困惑，還會幽默或自我解嘲的回答，像是：「他讀了許多雜誌。」「她起步緩慢，然後放棄了。」「我告訴過你，我生病了。」「我很高興一切都結束了。」

我總會鼓勵他們多思考一下，接著會有人想到人生中最值得驕傲的時刻，以及他們身為父母、配偶和信仰者等諸多角色。

其實，我真心認為這項練習應該納入每份遺囑中。在人們認真思索自己的死亡時，為什麼不建議他們加上這一段話：「至於我的墓誌銘嘛，我想要這樣寫……」

有人問我，那我自己會選擇什麼墓誌銘？我告訴他們，我喜歡詩人瑞蒙・卡佛（Raymond Carver）這幾句詩：

即使如此，你有沒有得到

此生想要的東西呢？
我有。
那你想要的是什麼？
稱自己為摯愛，感覺到
我在這世上被愛過。

And did you get what
you wanted from this life, even so ?
I did.
And what did you want?
To call myself beloved, to feel myself
beloved on the earth.

PART

2

勇氣篇

Courage

想要對生活方式做出任何改變，勇氣和決心是必要條件。
而要求人們勇敢，
是希望他們用新的方式去思考自己的人生。

第6章

大膽一點！強大的力量就會來幫你

年輕時，我曾有一段時間被派遣到海外參戰。我到越南參戰的理由很多，其中最重要的原因就是，**想知道自己夠不夠勇敢**。那時的我十分憂鬱，或許也有一點想要輕生的念頭。不管怎樣，我都以行動支持了那場戰爭。我們總得在世界的某個角落阻止共產主義，或者說當時我是那樣相信的。而這些戰場經驗，對我剛萌芽的軍醫生涯也很有幫助。

當時我剛晉升少校，奉派隸屬於第十一裝甲騎兵團（11th Armored Cavalry Regim-ent，別稱黑馬）當軍醫。這個編列五千人的單位正在越南西貢市的西北部作戰，指揮官是喬治・巴頓三世（George S. Patton III），你可能聽過他父親「巴頓將軍」的大名。

我盡全力去適應那樣的軍旅生活，在直升機上待了很長時間，被射傷過幾次。因為解救一些敵軍脫離險境，而獲得銅星勳章（Bronze Star）。

但是當我在戰地看得愈多，就愈無法對參與這場戰爭感到自豪。我們在那裡做的事情，對那個國家和人民造成難以想像的毀滅性傷害。我們假裝是在為他們打仗，這實在很荒謬。我們也沒有對他們給予應有的尊重——對我們來說，他們是「越南佬」、「鬼子」、「黃鬼」。

我真的很厭倦這樣的事。而且我們為這場戰爭付出的代價太可怕了，美國人最終統計的死亡人數高達五萬八千人，至今你可以在華府的黑色花崗岩牆上，看到那些陣亡者的名字。

一篇有感而發的「祈禱文」

我還記得，當我明白我們即將輸掉戰爭的那一刻。由於一直無法找到善於藏匿的越共，軍隊受盡挫折，接著發展出極為機密的計畫，用以探查敵軍的聚集地點。我們運用的裝置稱為「人類嗅探器」（people sniffer），這種機器對尿液中的阿摩尼亞成分非常敏感，它可以懸掛在直升機下端，低空飛過叢林，當讀取到的數據升高時，就會集中火力攻擊該區。

一九六八年的某天晚上，我參加軍隊裡一日終結的簡報。步兵上尉描述他們在叢林間進行大掃蕩時，他與士兵目睹一件難以解釋的景象：許多桶尿液吊掛在樹上。巴頓和情報官員懊惱地交換了眼神，因為他們心裡清楚，我們是對著越南全境的尿桶發射砲火。每發射一回的成本，就是浪費兩百五十美元。現在說起來或許可笑，但當時聽起來可不是件好笑的事。

總之，我受夠了。一九六九年復活節的那個星期日，我在巴頓上校移交指揮權的典禮上，穿梭於觀眾之間，發給在場每個人我前晚寫的文章。我稱之為〈黑馬祈禱文〉：

主啊，我們在天上的父，請聆聽我們的禱告。我們承認自己的不足，求祢幫助我們成為更好的士兵。喔，主啊，請賜給我們能更有效為祢做工的東西，今天就請賜給我們一把每秒可以發射一萬發子彈的槍，一桶可以燃燒一個星期的凝固汽油彈（napalm）。

請幫助我們把死亡和毀滅帶到我們所去之處，因為我們是奉祢之名，所以這都是公平正義的。感謝祢賜給我們這場戰爭，我們會謹慎銘記在心，這場戰爭雖然不是最好的一場，但總好過完全沒有戰爭。

我們記得耶穌基督說過：「我來並不是叫地上太平，乃是叫地上動刀兵。」（譯按：馬太福音十章三十四節）我們發誓一定要效法祂。別忘了祢最不喜歡的子民，他們藏匿於叢林之中躲避我們，請將他們帶到我們慈悲的手中，讓我們結束他們的痛苦。

總而言之，主啊，請幫助我們，因為我們在執行高尚的任務時都很清楚，唯有祢的幫助，我們才能避開和平，那永遠威脅著我們的災難。

以上禱告，奉祢的兒子喬治．巴頓之名，阿門。

當場有好幾位高層人士，包括美軍部隊駐越南的指揮官克雷夫頓・亞伯拉罕（Creighton Abrams）將軍。現場還有許多記者，其中一位問巴頓，這是不是該單位的正式祈禱文。

感謝那一晚讓自己重生的勇氣

我當下就被逮捕。軍方立即展開調查，試圖以軍法審判處分我，但最後決定不那麼做。因為惹上一個可以對戰爭罪行做出不利軍方證詞的西點軍校畢業生，無疑是自找麻煩，所以，他們最後用「陷長官於窘境」的名義，將我遣返回國。

隨後我辭去軍職，並跟許多人一同努力想結束這場戰爭。我們並沒有立刻達成所願，又耗費了四年，有兩萬五千名美國人陣亡後，最後一名美國士兵才從越南撤離。二十六年後，我和老單位的十七名戰友再次回到越南，同行的還有我兒子麥可（Michael），他是戰爭期間我在越南孤兒院收養的嬰兒。我們一起重訪以前的居住地與戰地遺址。

我們的導遊，包括以前的北越人和越共士兵，他們對這場戰爭也有屬於自己的記憶。他們很友善地接待我們，我想，這對他們比較沒那麼不舒服，畢竟他們贏得這場戰爭。我們曾經待在那裡的所有痕跡都已被抹滅，當初在龍平（Long Binh）的最大軍事設施，現在已發展成工業園區。

目前越南有一半人口是戰後才出生，我們重訪當初歷經掙扎的舊地，途中所遇見的年輕人們想必很納悶，我們到底在找什麼，因為這些年輕人不知道我們有過怎樣的記憶。我們背負著時間和命運的包袱，想起那些回不了家的人，除了那些深愛他們的人之外，沒人記得他們的故事，這令我們內心沉痛不已。

站在一九六九年交接典禮的遺跡上，我想起那個復活節星期日自己感覺到的憤怒、懷疑和恐懼。而我藉由一篇祈禱文的幫助，獲得重生。

第7章

任何的「改變」都需要勇敢和決心

一般人求助心理諮商師或精神科醫師，無非想要改變自己的情緒問題——無論是憂鬱症那無處不在的悲傷，還是焦慮症那令人疲憊不堪的拘束；前來求助的人都想要擺脫這些情緒，回歸正常生活。

這些無益的情緒干擾了生活中重要的活動，影響了工作執行或享受娛樂嗜好的能力。開懷大笑的本能被嚴重剝奪，生活只剩下不間斷的嚴肅，整個人失去歡樂，令他們受盡折磨。

大部分人都知道什麼對自己有益，什麼事能讓他們感覺更好：像是運動、培養嗜好，或是和自己在乎的人相處。但他們不去做這些事情，並非不了解這些事的價值，而是因為已經「沒有動力」去做。他們想要等到自己好一點的時候再做，但通常——這個等待會非常漫長。

儘管我們很努力，但是仍然無法控制自己的感覺或想法。當我們與不想要的想法和情緒掙扎、對抗時，我們所做的努力總是令人沮喪，往往只會加劇那些不想要的想法和情緒。

勇氣、決心跟心理治療的關係

幸運的是，我們從人生經驗中學到，某些行為可以帶來預期中的愉悅和滿足。有了這個認知，我們就有機會打破因「無所作為」所造成的僵局，以及伴隨而來的無意義感和絕望感。

如果有患者對我說，他們覺得生活毫無希望、沒有動力時，我會告訴他們，至少他們還可以下床、穿好衣服，並開車過來見我。如果已經能做到這一點，那麼其他讓他們感覺好一點的事情，顯然也可以做到。

如果他們說，要做自己不想做的事情很困難——事實確實如此——這個時候，我會先附和他們，接著再問：對他而言，「困難」和「不可能」是不是同樣意思。很快地，我們就會談到勇氣和決心這類事。一般人很少把這些和心理治療聯想在一起，但事實上，想要對生活方式做出任何改變，這些都是必要條件。**要求人們勇敢，是希望他們用新的方式去思考自己的人生**。

可是所有改變都要我們去嘗試新事物，承受可能會失敗的風險。我經常問患者的另一個問題是：「**你為什麼還不行動？**」

在我們努力同理、幫助這些飽受焦慮症與憂鬱症折磨的人，並竭力洗刷這些症狀的汙名時，等於是將它們視為需要藥物治療的生理疾病。

的確，目前使用的抗憂鬱症藥物已經被證實效果顯著，但依靠藥物治療的問題是，在這個社會上，**疾病是一種可以暫時卸下責任的狀態**。我們對患者百般呵護，有時甚至告訴在病床上的他們放輕鬆，讓藥物發揮效用就好。這意味著，患者們**暫時失去了人生控制權**，但這並非他們的錯，現在他們必須扮演被動角色，在醫學的協助下，給自己一個痊癒的機會。

在這個治療過程中，沒有人期待他們做什麼。但這種做法可能適得其反。

成癮者、人格障礙者的「疾病模式」

人們到底是如何陷入這個困境的？不可否認，許多情緒障礙的傾向確實有遺傳的基礎。舉例來說，「酗酒」具有家族遺傳性，也會嚴重危害身體健康，飲酒過量甚至可能致命。那麼，酗酒問題是否像廣告看板所描述的，也是一種像肺炎、或糖尿病的疾病？如果是的話，期待那些失控酗酒者改變自己的行為是否合理？還是他們面對自身的疾病其實無能為力？

成功戒酒和其他成癮問題的經驗在在顯示，**受困於這些問題的人必須採取行動**，也就是說，他們必須拒絕飲酒或使用其他物質來控制自己的狀況。最有效的方法是，參加匿名戒酒協會或匿名戒毒協會之類的互助團體，這些組織的成立宗旨，就是每個成癮者都有責任停止自己的這些行為；他們不能逃避、找藉口，或是推到別人身上。

至於和酗酒成癮者生活在一起的人，通常會因為這種「疾病模式」，而面臨一種困境：如果他們深愛的人正受到這種疾病折磨，堅持要他戒除真的好嗎？其他情緒障礙的情況也是如此，例如：躁鬱症（bipolar disorder，亦稱雙極性情緒障礙）患者飽受兩種極端情緒波動折磨，而這明顯是來自器質性疾病（organic illness，身體某個器官已經產生病變）。那麼，堅持要他們服用穩定情緒的藥物來治病是否合理？還是我們只能接受，躁鬱症最常見的症狀就是判斷力下降呢？

還有那些因為人格障礙而飽受折磨的人呢？他們的特徵是，有著適應不良和根深柢固的行為模式，導致容易衝動、不誠實，或情緒不穩，我們是否也該繼續縱容這些「病症」的狀況，就像放縱那些無法控制自己的人一樣？

某些「精神疾病」只是行為問題

如同生理疾病，有許多「行為問題」都可以把責任推卸給疾病。奇妙的是，它們都以縮寫名稱為人所熟知，像是MPD（Multiple Personality Disorder，多重人格障礙）、BPD（Borderline Personality Disorder，邊緣型人格障礙）、ADD（Attention Deficit Disorder，注意力缺失症）等。

其中，最經典的就是簡稱MPD的多重人格疾患。在不斷演進的精神科診斷世界裡，又被稱為DID解離性身分障礙症（Dissociative Identity Disorder），也有一說是偽裝的惡魔（Devil in Disguise）。這個疾病因電影《三面夏娃》（The Three Faces of Eve）和《魔女嘉莉》（Carrie，編按：曾於一九七六年上映，二〇一三年重新翻拍）而聲名大噪。患者身上有兩個或兩個以上，具明顯差異的人格存在，輪流控制這個人的行為。

值得慶幸的是，近年來多重人格障礙已經沒有前幾年那麼流行，但仍有一票忠實的擁護者。儘管我們幾乎可以肯定，多重人格障礙是心理治療師在容易受暗示的患者身上所誘導出的狀態，以作為法庭上無罪辯護的有利工具（已經成為一個逃避責任的藉口），陪審團通常也會因此贊同無罪判決；而這些陪審團的「想法」，往往比帶到法庭中的「專家」更加受到重視。

近年來更常見到的診斷熱潮，便是成年人的注意力缺失症（adult Attention Deficit Disorder）。關於做事毫無組織和愛做白日夢的拖延者，如今對他們的心不在焉不但有了醫學上的解釋，還有很有效的治療方法：興奮劑。這些人異口同聲表示，在服用安非他命後，自己的精神變好，做事效率提高。對於這種情況，我只能回答：「我也是。」

重點是，在人們努力洗刷真正的精神疾病（像是重度憂鬱症、思覺失調症〔schizophrenia〕、躁鬱症）的汙名時，我們卻創造出更多的診斷名詞，事實上這些診斷名詞不過是對某些行為模式的描述而已。在這些診斷中，由於其中一些症狀似乎對某種精神藥物有反應，更加深我們相信這些是「疾病」的想法。

舉例來說，根據長期觀察，受到伴侶虐待的受害者往往是依賴性較強的人，無法與施虐者分開，於是將這種人貼上「受暴婦女症候群」(Battered Wife Syndrome)的標籤，這等同於暗示她們沒有能力改變自己的處境，因此對她們的責任標準也該有所不同。

真正解方不是「藥」，是改變自己

我們不難看出這種假設背後的侮辱性質，它暗示我們，用遷就小孩和身障人士的態度在對待這些人。的確，我們創造了一種制度，讓他們可以拿著政府核發的文件，證明自己是情感障礙人士，就有資格享有某些社會福利，就像他們只能坐在輪椅上一樣。對於那些患有真正精神疾病、與現實脫節，或被無法控制的情緒波動所折磨的人來說，這樣做是合理的。

然而，當這個術語用於那些濫用食物、酒精或其他物質的人，或僅僅需要藥物來控制焦慮的人身上時，「殘障」這個名詞不但抹去當事人克服自身問題的責任，也嚴重損害身為一個自由人的自尊，彷彿失去能力去奮鬥與克服逆境一樣。

如同其他形式的社會福利，對這些感到無能為力的人補償是肯定這種情緒，使其持續存在，同時也創造出強烈動機，讓人們放棄自主權和勝任感。換句話說，這種制度的立意應該是要幫助那些人，卻反而損害他們的自尊，又如同自我實現般斷言這些人的依賴和無助感。

想玩這個特殊遊戲，你只需要從醫師那裡拿張證明，然後耐心等待龐大的官僚體系核發文件，證明你殘疾失能。更不用說，還有律師可以幫你加速這個申請流程。

只有克服恐懼和沮喪的決心，才是擺脫無力控制負面情緒的唯一有效解藥。有些人因為基因緣故，比其他人更容易遭受這種苦痛，雖然藥物能提供關鍵性、有時甚至是救命性的緩解，但**人們還是有責任改變自己的行為，才能對自己的人生有更大控制力**。

對於遭受重大社會災難（奴役、大屠殺），或個人磨難（犯罪、疾病）的人而言，「受害者」這個角色同時伴隨著羞恥和自責感。這也是為什麼，在對受苦的人表達同情和聲援之意，跟為消極的依賴者背書之間，仍有著細微差異。

第8章

我們最自傲的優點，往往也是最大缺點

有些人格特質和學術、專業成就有著高度相關，像是：全心奉獻給工作、注重細節、管理時間的能力、自律盡責等。有這些特質的人，經常都是優秀的學生和高績效的員工，不過問題是，他們可能也很難相處。

想想看，那些自我要求嚴格的人，對身邊的人也常有較高標準。這在工作場合還行得通；一旦在私生活中，什麼事都要按照清單、追求完美主義的態度、把工作看得比娛樂和友誼更重要、缺乏彈性，以及冥頑不靈，可就沒有那麼受用了。而且會讓那些重視親近輕鬆和寬大為懷的人，因此疏遠他們。

想要在生活各種領域都能成功順遂，得做適當的區隔。巧妙調配我們的多重責任——員工、伴侶、父母、朋友等角色——確實是一項挑戰。無論當下的身分是什麼，我們通常都會認為自己就是同一個人，但是不同身分需要有不同因應態度。

假如，試圖把講究商業效率、垂直整合的決策模式，拿來對待家人，就很可能遭到怨懟與抗拒。反之，如果我們的風格是衝動草率、只想找樂子，那麼在工作上必定很難成功。

強迫症、控制狂，更容易憂鬱焦慮

在許多婚姻中常會出現這樣的討論，一個性格非常執著的人（通常是男人），跟一個比較衝動誇張的人（通常是女人）在一起。兩個人一開始因為需求互補，才互相吸引。男人的生活需要更多娛樂，所以喜歡女人不受拘束、隨性自然的個性；而女人則把井井有條、一絲不苟的男人，當成嚴謹的標準，可以平衡自己衝動的天性。

我們可以輕易看得出來，為什麼這樣的關係會埋下失望與挫折的種子。（他老是問：「為什麼妳不能更有責任感一點？」她回嗆：「你就是不懂得找樂趣。」）

有強迫性格的人特別容易憂鬱沮喪，這就跟在不完美的世界中，尋找完美的人一樣。他們總是不明白，為什麼在工作中無往不利的方法，用在家人身上都行不通。執著的人喜歡掌控全局，任何威脅到他們作主的事情都會引發焦慮，只好更努力重獲控制權。如此一來，只會使得原本引起問題的行為更加惡化，隨之產生的衝突帶來挫折與失望，更進一步強化失敗感。

面對這樣的狀況，諮商時我會提出：「怎麼會發生這種事？」讓治療留在實用的範圍內，使人們在實際而非理論層面接受挑戰。當深信不疑的信念受到挑戰時，人們總是採取防衛爭辯的姿態。這就是為什麼大部分的政治和宗教爭論，永遠不會有結果。然而，若我們能被引導，單純**從實際層面去思考自己的行為**，有時候就能被說服，願意嘗試新方法。

基本上，幾乎所有的人格特質，像是好勝心、重條理，甚至是善良，只要執著到一個極端，都會產生不好的結果。或許這就是很多人說的，所有事情都要適度。但是我們必須承認，**那些我們最引以為傲的特質，可能正是我們失敗的原因**。

人生中的是好消息，也是壞消息

說到這裡，我們來面對生命中有時會自相矛盾的角色。

舉個例子，大家都常聽過的建議：「謹慎許願，你可能會如願以償。」年輕時，曾經熱烈追求的渴望和摯愛，在年紀漸長後，反而讓人感到幾分自我消遣和遺憾。

高中時，我們追過的女孩到哪去了？就算你已經如願娶了她，當初愛上的那個人終究會變成回憶，或是徒留當時的怦然心動。這種情況實在太常見了。我們以為只要擁有就一定能讓自己快樂的事物，但往往並非如此。命運，似乎還滿有幽默感的。

人生中自相矛盾的例子不勝枚舉：奮力不懈追求歡愉可能帶來痛苦；不願冒任何風險才是最大的風險。我個人最喜歡的是這個事實——**生命中的每件事，都是好消息也是壞消息**。長期夢寐以求的升遷，會帶來更多收入和更多頭痛；夢想中的假期，讓人累積一大筆帳單；經驗雖然讓我們學到許多，但我們已經老到用不上那些知識；至於青春，都浪費在年少輕狂中。

無常嘲笑著我們。我們一切的努力，認真學習、盡力爭取、拚命抓在手上的事物，最後全都是一場空。最終且掌握全局的弔詭說法是：**唯有擁抱有限的生命，才能在我們有限的時間中獲得快樂**。

我們努力把握機會與深愛的人相處，是因為知道所有人事物最終都會消逝。對於時間的重量和人生終將一死，你要不就健康的拒絕，要不就勇敢的接受，如此才能擁有體驗各種歡樂的能力。

第9章

世上最堅固的牢房，是我們親手為自己打造

當我們談到失去自由時，很少人會想到是自己在畫地自限。所有我們害怕嘗試的一切、沒有實現的夢想，都讓我們限制自己現在以及未來可能的樣子。

是什麼阻止我們去做那些可能讓自己開心的事？通常都是**恐懼**和它的近親——**焦慮**。

人們的生活充滿對自己許下沒能實現的破碎承諾。我們渴望的事物，像是自我成長、在工作中獲得成功、談場戀愛等，是所有人都想達成的目標，要達成這些目標的方法也都很明確，但是我們卻不做該做的事，結果當然無法成為自己想要成為的人。

把自己的失敗怪罪到別人頭上是人之常情。父母就是我們怪罪的對象之一。**我們老是感嘆自己缺乏機會，彷彿人生是一場樂透，只有少數幾個號碼才能得到大**

獎。沒有時間和必須工作賺錢，也是無所作為最常見的藉口。

除此之外，我們害怕自己真的嘗試了卻一敗塗地，這個念頭同樣會產生極其有害的惰性。降低期望，就能保護我們免於失望。

成功不是中樂透，可以立即速成

沒有人喜歡自己被困住的感覺，畢竟這是個充滿機會的國度，周遭充滿成功榜樣。我們的社會不斷宣揚成功的故事，像是一個天賦有限、沒沒無聞的小人物，變成家喻戶曉的大人物。但是，多數人並沒有從這些故事中獲得希望，反而認為這只是更加證明自己的不足。

看到這些成功發生得那麼不費吹灰之力，我們既困惑又喪氣。在這個急躁、缺乏耐心的社會，有成效的改變所必經的緩慢過程，並不會受到太多關注。所以，要如何找到必備的決心和毅力，以達成我們的目標？

市面上各種說法、建議從沒少過。看看書店和雜誌上介紹的各種方法，教你變得更有錢、更苗條、更有主見、比較不那麼焦慮，以及如何更能吸引異性，別人看了還以為我們縱情於什麼自我成長的狂歡會。

然而，那些來找我談話、勇於表明自己需要幫助的人，大多數都在做著和昨天、去年幾乎一樣的事情。我的工作就是要指出這一點，並與他們一起思考，如何才能真正改變他們的行為。

在我們要做任何事之前，必須先能想像出那件事情的樣子。這句話聽起來很簡單，但是我發現許多人的行為和感覺是連不起來的。我認為，這要歸咎於現代醫學和廣告產業。人們變得很習慣：如果我們不喜歡自己和生活中的某些部分，不需要太過努力，都可以快速改變它。

例如：服用藥物快速改變情緒、用整型醫美手術改變外貌、花錢買些商品就可以幫助自我成長……這些都助長了一個幻想：以為花錢就可以買到幸福快樂。《富比世》（Forbes）雜誌創辦人馬爾坎．富比世（Malcolm Forbes）有句名言：「如果有人覺得金錢買不到幸福，那就是跑錯地方買了。」

其實，這種想法只會增加我們的挫折感，並讓親自打造的牢房更加堅固。我把這一點稱為「**樂透心態**」。有些人企圖合理化賭博行為，祭出「這是在販售希望」的概念。那些手頭不算寬裕的人排隊買彩券，參與一場幾乎不可能贏的遊戲，然後滔滔不絕講述自己要怎麼花這幾百萬的獎金。從實際面來說，這不叫「希望」，而是「白日夢」。

那些求診者，真的準備好了？

我常常直接問那些老是喊著要改變自己人生，卻不採取任何具體行動的患者，他們說自己計畫要做些不一樣的事情，到底是在表達真心的意圖，還是隨口說說、許個願罷了。許願或許有消遣和分散注意力的效果，但是不該與現實搞混。

撇開宗教方面的轉變不談，**改變一個人的態度和行為，是個緩慢的過程**。改變是漸進式的。看看那些成功越獄的案例，你就會看到這條通往自由的漫漫長路，是累積各種想像、花了無數小時規畫，通常是幾個月甚至幾年時間。我們或許不該欣賞越獄的囚犯，但是他們的謀略和決心卻值得效法。

面對尋求心理治療的人，最難確定的一件事就是——**他們是否準備好要改變了**。有發揮決心、毅力的意願，才是改變的要件。

有些人尋求幫助，並不是真的想要改變自己的生活，而是另有目的。

我們生活在一個會把「抱怨」升格為「公開演說」的社會中，大眾媒體和法庭上充斥著各式各樣的受害者：童年受虐、因他人錯誤造成自己的不幸、毫無預警的意外災難等。許多自願的行為被重新分類成疾病，這樣一來，受苦的人就能得到同情，甚至有些還能獲得賠償。難怪精神科醫師的診療室中，總會出現不少這樣的人。他們期待一雙同情的耳朵和幾包藥物，以緩解苦惱的感受。他們通常會想要拿到一份證明當作訴訟證據，或是給他們一封信來向公司請假。

這些人之所以來求診，不是因為想要檢視自己的生活、為自己的感覺負責，並決定自己得做什麼改變才會快樂，然後確實去執行——坦白說，他們無心參與這麼艱困的過程。

每次與個案第一次面談時，為了釐清我準備扮演的角色，我都會請對方簽署一份文件，其中部分內容如下：

本人不涉入工作糾紛、官司訴訟、監護權的爭奪、判定患者是否喪失行為能力，或其他法律及行政訴訟程序，包括工作藉口及要求改變工作環境。若您因上述理由需要醫療背書，請另請高明；本人僅提供心理治療。

與其說再多，不如用行動來支持

人們常常會把想法、願望和意圖，跟實際的改變搞混。他們對於言語和行為的混淆不清，會妨礙治療的過程。**懺悔自白對靈魂或許有益，但除非當事人同時改變行為，否則一切只是空口說白話。**我們是口語的動物，不管多麼細微的想法都喜歡用嘴巴講出來，（還記得上回你不小心聽到別人講電話的內容嗎？）我們把承諾看得過度重要。

每當我指出人們口中所說的，跟實際行為並不一致時，他們的反應通常是驚訝，有時候甚至會發火。因為我不聽信他們口頭陳述的想法，卻只專注於唯一可以信任的溝通方式：**行為**。

在人們的對話中，最令人感到困惑的應該是「我愛你」。這句話猶如一個強而有力、又令人安心的訊息，我們渴望聽到這句話，但是，若沒有持續愛的行為來支持，這句話不過是謊言——或者說得好聽一點，是一個不可能實現的承諾。

我們的言行不一，不能被視為衡量虛偽的唯一標準，因為我們都相信自己說的話出於善意。我們只是太過關注「言語」——無論是自己的還是別人的——卻忽略了真正能定義這個人的「行為」。

我們親手為自己建造的牢房，那堅固的牆壁有一半是用我們對風險的恐懼所建構，另一半則是希望我們對世界和所有人都符合我們美好期望的幻想，一點一滴打造而成。要放下這種令人安慰的幻覺很難，但是，要用跟周遭世界不一致的觀點和信念，去創造一個幸福人生，更是難上加難。

第10章

我們自以為的誠實善意，只是自欺欺人

誠實是一種珍貴的美德。在日常生活中，我們雖然要扮演各種角色，但仍會期待有個穩定的身分，隨著時間過去，充分顯現我們的核心價值。大部分人都非常在意自己在重視的人眼中是何種形象。

最令人鄙視的人類特質之一，莫過於偽善。

那些行為和自己所宣稱的信念並不相符的人，會成為大家嘲弄的對象。我們常拿來消遣討論的醜聞，大部分都是言行不一者，像是通姦的牧師、虛偽的政客、吸毒的道德提倡者、戀童癖的神父等。但我們的憤怒常被好奇心所抵銷，因為我們心知肚明，自己的行為和公開贊同的標準，同樣無法完全一致，甚至擔心如果別人知道了我們的真面目，又會怎麼想？

還有一件事比隱瞞令人尷尬的道德瑕疵更糟糕，那就是——**找藉口允許自己繼續那些敗壞本性的行為**。我們不斷以意外、巧合和健忘當藉口，解釋自己不願意仔細檢驗的行為。舉例來說，外遇被發現的方式，常是其中一方在家用電腦中找到外遇證據的電子郵件。（更傳統的方式，是把日記留在對方看得到的地方，而網路通訊是一種新的型態。）

欺騙自己，就可以不用改變

人們欺騙自己的另一個方法是「否認」。那些沉溺在成癮症狀中的人，常堅稱他們沒有任何問題，隨時都可以戒除。但事實上，他們說的話卻與更加糟糕的生活狀況背道而馳，像是酒後駕車、婚姻破裂、失去工作等。我常告訴這些人，他們覺得有欺騙別人的必要，或許可以理解；但**欺騙自己，只會讓他們沒辦法進行必要的改變**。

我認識一個男子，有時晚上作夢，夢到激動處就會攻擊妻子。但他卻不記得自己夢見什麼。由於這是「意外事件」，所以他從未想過要去省思這段關係的本質。比較沒這麼戲劇化的例子是，有幾百萬對夫妻是分房睡的，因為其中一方的鼾聲太吵。當然，對於這種（真的）無意識的行為，的確沒辦法怪罪它。

人們告訴自己的謊言中，傷害最大的多半是跟承諾有關。「沒有什麼會比剛許下的承諾更美。」一轉眼就消失的新年新希望，早已成為陳腔濫調。我們心中良好的意圖比路面上的石頭還多，卻總讓我們分心，而無法專注評估自己以及真正想要什麼。如果把時間花在想像某種完美的形象，或提升自我的理想上，只會耗損我們的精力和分散注意力，反而無暇專注在更重要和可以達成的目標。

運氣差當藉口，能獲得一時的心安

不可否認，機運在人生際遇上扮演著重要角色，但是，把發生在自己身上的所有事情都推給運氣，就是一種怠惰的表現。這也再次說明，人們不喜歡為自己負責任，寧願選擇簡單的藉口開脫，也要避開困難的自我反省檢驗。這是另一種形式的自我欺騙，不會讓人有任何進步。

當然，意外總是會發生。如果有人站在空地上被雷擊中，我們當然不能責怪他；但如果他站在視線所及的唯一一棵樹下，那麼我們或許就得質疑他對雷電的常識了。

我們每天都會遇到「因愚蠢行為枉送性命」的例子，像是酒後駕車、罹患和抽菸或肥胖有關的疾病、槍枝意外走火等，這些造成傷害的意外事件都提醒著我們，面對自己最糟糕的衝動時，我們有多麼脆弱。

關於這些風險，人們是怎麼告訴自己的？如果我們為了他人或某個理想而犧牲生命，這是英勇的行為。但是，就像唐吉訶德的侍從桑丘潘薩（Sancho Panza）對他說的：「沒有正當理由的死去是最大罪過。」

真相或許無法讓我們自由，但為了一時的安心而對自己說謊，更是愚蠢至極。這種欺騙和惡意的不正直並不一樣，因為沒有人會因此被騙或吃虧。但是，**不根據事實來做決定的人生，注定會有缺陷**。

人難免會找藉口合理化自己行為，所以想要看清自己，或許不太可能。但我想，唯有等到我們夢想中成為的自己，跟現實中的自己互相抵觸時，才會發現認知差距的雜音，已蒙蔽了我們的耳朵和雙眼。

第11章

那些恐懼，只會讓你看不見眼前的美好

我們活在一個鼓吹恐懼的社會裡。廣告業的工作就是加深人們的焦慮，例如：你擁有的東西多不多、外貌夠不夠體面，是否有足夠的性吸引力等。坦白說，一個不滿足的消費者，比較可能花錢買東西。

同樣地，電視新聞的從業者也會用駭人聽聞的標題吸引觀眾注意力，像是暴力犯罪、自然災害、具有威脅性的天候，還有環境中潛藏的危險等（「你喝的水安全嗎？詳情請見十一點的新聞報導」）。

要定義我們是怎麼樣的人，其中一項條件就是「看我們憂慮些什麼」。人生充滿不確定性和難以預料的災難，因此，幾乎所有焦慮都很容易找到正當理由。人們心中的恐懼清單既冗長又多樣，隨之衍生的資訊簡直就是一場疲勞轟炸。

極端的恐懼，轉移人們原先的焦慮

焦躁不安的人特別容易產生特定的恐懼，最極端的形式就是恐懼症（phobias）。想像一下，有人害怕去雜貨店購物、不敢搭電梯、不敢開車、不敢過橋等，更不要說搭飛機了。以上列舉的各種症狀都代表著一種常見的恐懼症，一種非理性但無能為力的恐懼。從某方面來說，因恐懼而避開這些事情的人，就像是其他人的哨兵，儘管我們的恐懼表面上不那麼明顯，但可能同樣不切實際。

二〇〇一年恐怖攻擊之後的大眾反應，就是個顯著的例子，說明人們的恐懼可以造成多麼深遠影響。當時許多人紛紛賣掉股票、不再搭飛機，航空公司因此破產倒閉。接著，又有炭疽攻擊事件（編按：二〇〇一年九月十八日，美國發生一起生物恐怖襲擊），民眾變得害怕郵件，防毒面罩賣到供不應求。曾經以「勇者家園」自豪的美國，頓時就像是焦慮症患者的收容所。

到了二〇〇二年，華府遭受狙擊手長達三個星期的隨機攻擊，引起大規模的恐慌。

民眾紛紛調整自己的生活方式，學校也取消各種校外教學，把孩子留在室內。很多人都抱著這種心態：「只要能拯救一條生命，這種防範就值得了。」沒有人指出，若把這種觀念持續延伸，就會變成大家應該永遠躲在家裡、不要出門。

即使在太平盛世，人們過度誇大自己變成犯罪受害者的可能性。有人購買槍枝、武裝自己，來對抗想像中的入侵者，卻忽略最可能成為槍枝受害者的，其實是我們的家人。至於真正會傷害健康快樂的——吸菸、過度飲食、不繫安全帶、社會的不公不義，還有票選出來的領導人——卻沒引起我們多大的焦慮。

如同恐懼症分散了人們注意力，讓我們忽略更根本也更令人不安的恐懼（例如寂寞）；或許那些讓大眾感到恐懼的事物，對國家安全來說，也有轉移焦點的類似作用。如果我們把焦點放在SARS、狂牛症、殺人蜂，或是夜晚闖空門的小偷上，就比較不會去注意環境惡化或公民自由淪喪，這種似乎已經遠超出個人能力影響範圍的問題。即使是戰爭，也只影響到參戰者的家人，並沒有引起多大焦慮。

不信任的人際，不願承擔的共同命運

人與人之間的關係存在著某種不信任的成分。我們非但沒有命運共同體的認知，也沒有大家共享繁榮資本主義的想法，反倒是表現出：只有犧牲別人、我們才能得勝的姿態，彷彿人生就是一場競賽。

我們活在被控告的恐懼中。就某種程度來說，萬一出現所謂的「不良後果」，我在諮商診療的每位患者都是潛在敵人。對其他醫學專業人員來說，像是產科醫師、外科醫師或急診醫師等，他們犯錯的可能性和代價更高。現在醫療過失的賠償金額之高，已經讓有些醫師直接離開醫界。

假如我們改變法律制度，把因為他人過失而受到傷害的補償，限制在經濟上的損害賠償，那會發生什麼狀況？

若過失實在太離譜，有必要處罰公司的話，那筆錢可以當作是一筆罰鍰。不是賠給個人或他的律師，而是充當「不幸基金」的一部分，用來補償並非因為任何人的錯誤，但面臨高額開銷的人（像是生下先天性異常嬰兒的父母、因犯罪行為或天然災害而受害的人）。這當然比只有贏得「訴訟樂透」的少數人拿到賠償，要更加公平也更有同情心。

這樣的制度會強化一種信念，那就是**我們共同承擔著人生中不可避免的無常與風險**。這肯定是更加公正的認知與做法，雖然我們可以得到經濟損失的補償，但更多錢也無法（或不應該）彌補我們共同命運（common fate）中的隨機災害。

被恐懼操控，忽視了真正威脅

我們常會看到一些人，他們不怎麼努力，或根本沒努力，甚至沒能力，就輕而易舉獲得成功，像是富二代、樂透中獎人、實境節目的參與者、沒有才華的藝人等。長久下來自然會扭曲我們的價值觀，分不清事物真正的價值或什麼才能持久。相較之下，我們的生活和人際關係顯得平凡乏味。

如果說我們的流行文化指標有瑕疵，那麼政治領袖也沒有好到足以激勵人心。民眾選出來的領導人，所展現出的智慧與正直程度都很一般。事實上，我們的政治制度有時候看起來，似乎是設計用來選出有自戀傾向和渴望權力的人，這些特質遠超過他們對人民福祉的關心。

然而，對於這些真正威脅到幸福安樂的事，我們非但不害怕，還很容易被說服，以為最大的危險來自某個國家，那裡的人對我們不懷好意。我們太容易被恐懼操縱，以至於相信人類的問題得用軍事手段解決。我們就像只有一把槌子的木匠，在我們眼中，所有問題都像根釘子，只會拿槌子解決。

雖然恐懼的經驗並不愉快，但只要將它化成行動，便能保護我們免於傷害。這樣一來，它就屬於可以適應的情緒。但要做到這一點，就必須先辨識出何謂真正的威脅。我們需要正確的資訊，以及把資訊變成有用知識的能力。若是被信任的消息來源（政府欺騙，或是資訊來源（新聞媒體）可以從我們的恐懼中獲利，那就難怪人們花大把時間，在擔心遙遠的威脅（像是受病毒汙染的郵件），卻忽略全球暖化這種真正的風險。

我們的私生活領域也是如此。**恐懼和欲望是硬幣的兩面，我們多數的作為都是因為害怕失敗**。最常見的例子就是追求物質財富，這也是推動經濟的動力，以及有所成就的表現。可是這種努力對大部分人而言缺乏終極意義，只會讓我們轉移注意力，忽略那些能提供長久樂趣與滿足感的人事物。

應該沒有人會在臨終時，懊悔自己應該花更多時間待在辦公室工作，若真如此，那我們現在該把心力放在哪呢？

我們大部分的行動都是受到「貪婪」與「競爭」所驅使。成功企業家是美國成功故事的典範，唐諾．川普（Donald Trump，編按：幾度瀕臨破產卻奇蹟似起死回生，於二〇二四年二度當選為美國總統）早已成為文化指標。商業上的成就似乎證實了達爾文「適者生存」的概念。相較於工作帶來的財富，工作的品質或益處變得一點也不重要。

與其擔心恐懼，不如把握眼前的美好

短期來說，恐懼固然有效，但對於產生持久的改變卻沒什麼用。利用恐懼作為行為動機，會忽略了一個事實，就是——沒有任何欲望比追求幸福和為自尊奮鬥更強烈。如果能找到方法，讓人們朝著這些方向移動：更好的工作、教育、改善生活的機會，以及感受到公平社會、充滿機會，那麼毒品所帶來的誘惑和短暫狂喜，就會失去吸引力。懲罰「毒品供應方」的做法無法奏效，就只有透過向絕望的人強調治療和其他的社會選擇，以降低他們對毒品的需求，我們才有機會在這場短暫歡愉與長期滿足的角力戰中，獲得勝利。

把我們的恐懼加總起來，就能知道在隨機的意外面前，我們有多麼脆弱，並且確信人終將一死。假如，我們可以從某些宗教信仰的永生承諾裡得到安慰與意義，那會好過許多。但就算是懷疑論者，也能學著珍惜短暫生命中的歡樂時刻。

之所以讓我們這麼做的，並不是否定，而是**勇氣**，以及**不願意因為害怕未來和懊悔過去，而虛擲了當下可能的幸福**。

PART

3

情緒篇

Emotions

充分體驗生活中常見的悲傷和荒謬，
並且找到繼續生活的理由，就是一種勇氣的行為。
鼓舞的力量就來自我們愛和笑的能力。

第12章

你上次開懷大笑是什麼時候？

請恕我直言，雖然有個概念叫做「正反情感並存的情緒」(ambivalence，矛盾心態)，但事實上，人很難同時處理兩種情緒。

例如：緩解焦慮的常見標準做法之一是「深層肌肉放鬆法」，教導焦慮者如何放鬆骨骼肌，下次當他們發現自己又陷入焦慮情境，開始冒汗、心跳加速、過度換氣，感覺自己好像快不行了……一旦出現這些標準的恐慌症症狀時，就有辦法幫助自己。

你可以問問那些受憂鬱症所困的人一個問題，「**你上次開懷大笑是什麼時候？**」或是問問他們的家人，請家人試著回想一下，上一次看到患者開心的樣子是何時。通常我聽到的答案，從幾個月到幾年不等。

那又如何？只是生活中的笑聲，有何大不了？

有些人只把「幽默感」當成嚴肅生活中的小插曲，而非快樂人生的重要元素和指標。

假如你問人們，他們有沒有幽默感？即使是在他們憂鬱沮喪的時候，通常回答都是「有」。（除此之外，幾乎所有人都認為自己是個好駕駛，儘管有大量證據顯示事實正好相反。）

人們所獨特擁有，幽默的力量

若是有人說自己富有幽默感，看起來卻特別陰鬱，有時我會請他講個笑話來聽聽。我知道，這對很多人來說是個不太公平的要求，因為每個人留意和記憶有趣事物的能力本來就不同。許多人根本不知道該說什麼才好，所以就換我講一個笑話給他們聽，比如英國網站曾票選出來「全球最好笑的故事」：

兩個紐澤西獵人一同穿越森林。突然之間，其中一個人倒了下來，沒有呼吸。另一個人馬上掏出手機撥給九一一，他告訴電話那一頭的人：「我的朋友死了！」

對方回答：「先鎮定下來，我可以幫助你。首先，你必須確認他真的死了。」經過片刻沉默，傳來一聲槍響。

那個獵人又拿起電話：「好了，接下來呢？」

聽完這個故事的人們，反應各不相同。有些人不習慣從事物中找出有趣的部分，以致失去對事物驚奇的能力——而這正是幽默的本質。至於其他人，單純就是沒有心理準備，誰會想到一個精神科醫師竟會試著逗樂他們。

有時候，我會給那些嚴重缺乏幽默感的人一個家庭作業，請他們在下次諮商前，想出一個好笑的故事。

當人們面對深沉的絕望和焦慮而尋求治療時，這一切看似微不足道。但是，幽默感在生命中之所以有強大的力量，是因為人類不同於其他動物的兩個特徵裡，其中一項就是**「笑」的能力**，另一個則是**「思考自己死亡」的能力**。

這兩項獨特的人類特質之間有一種聯繫，直指生命中最大矛盾的核心：**即使面對必**

然會結束的生命，我們仍然可以活得快樂。讓人們做到這一點的，不只是我們懂得所謂的「以健康心態否定現實」。所有的幽默感，在某種程度上都是針對人類的處境。自我調侃，就是承認我們為了阻擋時間掠奪，所做的所有努力都是徒勞，就像那個紐澤西獵人一樣。我們被種種不可控制的力量箝制，通常也包括自己的愚蠢，然而，我們始終不放棄。

充分體驗生活中常見的悲傷和荒謬，並且找到繼續生活的理由，就是一種勇氣的行為。鼓舞的力量就來自我們愛和笑的能力。最重要的是，當我們在面對生存這個重大問題時，必定會感覺到人生的不確定，若要接受無常及不安，就需要培養體驗快樂時刻的能耐。在這個意義上，所有幽默可說是「絞架幽默」(gallows humor)——在死亡面前，我們面帶微笑。

幽默感有益身體健康

有充分證據顯示，「幽默感」具有療癒效果。

美國編輯暨作家諾曼．卡森斯（Norman Cousins），曾以自身經歷寫了一本書（編按：一九七九年出版的《笑退病魔》〔*Anatomy of an Illness*〕），描述自己如何靠著看馬克斯兄弟（Marx Brothers）的老喜劇片，治癒了自身難以診斷且令人身心耗弱的怪病。「大笑」能帶動體內的化學變化，對健康有益，而樂觀、有自癒效果的心態只是其中的好處之一。

有一種理論主張，心靈和身體會相互影響，因此我們對各種病痛的想法和感覺，足以影響康復的程度。早在現代醫學出現前，各種信仰治療師就會透過鼓舞病人，以樂觀的態度對抗疾病。這種方法的效果，當然不在話下。

直到現在，人們還是會前往法國的療癒聖地盧爾德（Lourdes，編按：天主教著名的朝聖地），在天然洞穴外成堆的枴杖和輪椅，就證實了信仰的力量。當然，你不會在那裡看見被丟棄的義肢，所謂的「奇蹟」畢竟仍有極限。這裡發生的是某種形式的加速療癒，全看信仰者有多相信神可以治癒他們的疾病。不過，這些結果已經夠神奇了。

幽默也是一種分享的形式，一種人與人之間的活動。分享歡笑，肯定我們在人生這條船上同舟共濟。在茫茫大海中，我們無法確定是否有任何救援，試圖自我控制只是妄想，但我們仍然繼續航行——攜手前進。

分享歡笑，對抗要命的悲觀

最近我見到一位患者和他的太太，太太抱怨說：「他再也不笑了。」先生也同意：「我的幽默感不見了。」他們最近剛旅行回來，太太的錢包和信用卡都遺失了。我說：「我太太也發生同樣的事，她的信用卡被偷，但是我還沒去掛失，因為那個扒手花錢沒有她凶。」我的患者聽了哈哈大笑。當我把這個故事轉述給太太聽時，她卻笑不出來。

悲觀主義者就跟慮病症（hypochondriacs，編按：擔心自己罹患極為嚴重的疾病）患者一樣，從長遠的觀點來看，都是對的——沒有人能活著離開這個地方。

不過，悲觀主義就跟別的態度一樣，隱含大量自我實現的預言成分。如果我們用懷疑或敵對的態度跟人相處，他們可能也會用同樣的態度回應，無形中驗證了我們低落的期望。幸運的是，反之亦然。

但是，就跟所有法則一樣，總有例外存在，我們碰到的人未必都像鏡子般反射出我們的態度。假如，習慣性的樂觀也無法對抗偶爾的失望，那麼習慣性的悲觀，就是絕望的近親了。

初次見面時，我們通常會微笑以對。這麼做，不只是傳達友善之意。微笑也展示了「好的幽默感」，代表我們認同存在共同人性中的幽默感：**事情或許嚴肅，但不用看得太認真。**

第13章

只求「安全」的人生，才是最大風險

憂鬱症的人習慣把焦點放在自己的「症狀」上：悲傷難過、提不起勁、睡眠障礙、食慾改變、快樂不起來。然後，他們努力試著透過藥物和心理治療，來緩解這些惱人的症狀。但有時候，尤其是我的治療成效不彰時，我會引導他們去思考另一種可能性——他們的**憂鬱或許有些好處**。

其中一個好處是，這是個安全的位置。同樣的說法，也可以套用在長期悲觀的人身上，而這通常就是憂鬱症的前兆和表現形式。

我們很難讓悲觀的人醒悟過來。他們習慣垂頭喪氣，對令人不悅的突發狀況早就習以為常。由於他們凡事不抱太高的期望，所以這些悲觀主義者（他們總覺得自己很實際）也很少感到失望。當我告訴他們，我們的期待無論好壞，通常都會實現時，他們對此抱持懷疑態度，因為他們長久以來都只會做最壞的打算。

要求一個人甩開憂鬱，通常會遭到抗拒。因為擁有快樂，就等於要承受失去快樂的風險。然而所有重要的成就，都需要承擔一些風險：冒著在創造、探索，或戀愛時遭遇失敗的風險。

我們活在一個迴避風險的社會中，投入大量的時間和精力，只為確保自己所做的一切是「安全」的。我們被教導要繫緊安全帶、把門鎖好、戒菸、每年做一次健康檢查，做運動前還要先詢問醫師。我們擔心天氣不好；整天想著孩子的安危；住在保全系統的房屋裡，武裝自己來對抗入侵者。

上一代視為理所當然的風險，包括：孩童夭折、傳染病、環境大變動，都不是現在多數人會擔憂的事情。取而代之的是，我們指定社會中的某些成員，如警察、消防員、軍人、運動員等，來承擔這些我們不敢冒的險。而娛樂圈生動地仿效英勇行為，來取代我們需要的刺激，同時提供扭曲的模範，告訴我們什麼叫做勇敢。在這些戲劇中，暴力、控制和勇氣之間，有著不可避免的關聯，但是跟我們的生活卻沒有什麼相關性。

過度焦慮而失去快樂的能力

說服不快樂的人把握每個機會，才能改變讓自己長期沮喪的態度和行為，並不容易。我在精神醫學上的專業，則對此做出一點貢獻，把憂鬱症定義為化學性疾病，並指出這種疾病過度依賴藥物治療。在這件事情上，我們一直受到保險公司的慫恿（和脅迫），保險公司不斷減少對心理治療的補償金額。

心理治療是什麼？它是一種目標導向的對談，目的是幫助人們改變。這正是人們尋求協助時想得到的：**改變**。他們通常都想要改變自己的感受：焦慮、悲傷、迷惘、憤怒、空虛和隨波逐流。

而我們的感受，是根據自己如何詮釋發生在自己身上及周遭的事，**重點不是發生了什麼事，而是我們如何定義這些事件及做出什麼反應**——是這些決定了我們的感受，也就是我們的「心態」。

一直深陷在情緒裡的人有個特徵，就是他們已經失去能力，或相信自己已經失去能力，去選擇能讓自己開心的行為。

試想一下，有個人因為過度擔憂，已經無法在世上自在生活。在做每個決定前，他都要先衡量一下這個決定增加或降低焦慮的可能性。當一個人為了避免焦慮，連選擇都受到限制時，他的生活就會愈受到侷限。

一旦發生這種狀況，焦慮只會更加嚴重，過不了多久，這個人就會變得什麼事都擔心害怕。他怕的倒不是外在事物，而是焦慮本身。這些人變得不敢開車、不敢上街購物，有時甚至不敢走出家門。到了這種程度，有些患者會覺得自己生活中的選擇已經被壓縮到了極點，乾脆不與人交流、不跟人接觸。這種畏縮的症狀，也能在重度憂鬱症患者身上看到。

為絕望者重新注入希望

精神科醫師的職責，就是為他們重新喚起希望。我常常問患者：「**你的期望是什**

麼？」被焦慮或憂鬱壓得喘不過氣來的人，通常都沒有答案。當然，真正的絕望，是想著結束生命。

面對想自殺的人，我很少試著說服他們放棄那個念頭。相對的，我會請他們先檢視一下，是什麼原因讓他們撐到今天而沒有真正付諸行動。通常我們要找的是，**在這個人面對幾乎無法承受的心理痛楚時，仍緊緊拉住他的那個情感連結是什麼**。

我們無法否認，在任何自殺的決定中都帶著相當程度的憤怒。然而，自殺對愛我們的人而言，猶如一個永遠的詛咒。沒有錯，自殺是絕望的最終聲明，同時也是一種宣告，彷彿在對最親密的人說，他們對我們的關愛，以及我們對他們的感情，都不足以支撐我們多活一天。

絕望者唯一關注的只有自己，這是很自然的，而自殺就是過度沉溺自我的終極表現。待在自殺傾向者身邊的人，包括精神科醫師，與其表達出因為他而感受到的同情與恐懼；我認為當面告訴他們：各種自我毀滅行為代表的自私和憤怒，也是合理的。這種方法可以防止一個人自殺嗎？有時候可以。

在超過三十年的精神醫學行醫生涯中，這個論點只失敗過一次。那是一位育有兩個小孩的年輕媽媽，她因為痛苦的離婚經驗引發了憂鬱症，就在她要回診那一天舉槍自盡了。由於我在診間苦等不到人，便立刻請警察去她家，才發現她的屍體。從那天起，我不再奢望自己可以控制另一個絕望者的生命。

「躁鬱症」奪走了我的兒子

多年以後，我接到一通電話，得知我親愛的兒子——二十二歲的安德魯（Andrew），以自殺方式結束他與躁鬱症長達三年的掙扎。即使至今已經過了十三年，任何言語都無法形容從那可怕的一天開始就籠罩著我的悲痛。

父母埋葬自己孩子是違反自然規律的。在一個公正的世界，這種事永遠不會發生，但是在我們的真實世界卻發生了。

當安德魯在絕望的漫長抗戰中投降時，他拋下許多深愛他的人。我們的回憶裡有著他帶給我們的喜悅，以及他的死亡留下的永恆悲傷。在我整理他這一生留下的種種紀錄時，發現他九歲時的學校作業，其中有一段是這樣寫的：

現在大約是下午兩點半，爸爸跟我已經跑了一個多小時。我們現在是逆風，所以我跑在爸爸後面，讓他替我擋風。我們跟其他兩百名跑者比賽。這一段路很難跑，有很多很陡峭的山路。到了最後一英里，我們加快速度超越了好幾個人。當我們抵達跑道時，還得再繞著它跑半圈，然後就完成十三英里的比賽。

即使有愛，也無法讓他獲得寧靜

安德魯是個優秀的學生，高中時擔任班長，大二時當選學生會代表，最初發病的症狀也就在那時出現。他三度忍受住院的折磨，情緒在混亂瘋狂與消沉低迷這兩個極端之間起伏不定。我猜想，他在最後的絕望時刻，會因為想到可以結束長期忍受的身心折磨而得到一些安慰吧。我祈禱他終於找到自己所尋求的平靜。唯有這份希望，才能讓我忍受自己內心的痛苦，繼續活下去。

安德魯的病是一陣徹骨的寒風，任何人都無法替他抵擋；到了最後，這陣風把他刮走了。他離開得太早，但是我知道他愛我們，就像我們愛他一樣。而我已經原諒他讓我的心碎了，相信他也原諒我這個父親所犯的所有錯誤。

每當我想起他的笑聲，腦中就會響起民歌手湯姆．帕克斯頓（Tom Paxton）的一首歌：

你不說一聲再見就要離去了嗎？
沒有留下任何痕跡？
我本該更加愛你，
絕不是故意對你不和善。
你知道，那是我心裡想著的最後一個念頭。

第14章

人生只有壞事來得很快

想要在生活中有所改變的人，通常都有個共同的幻想，就是以為改變可以一蹴可幾。一旦我們「知道」該做些什麼，彷彿就可以輕鬆「辦到」。

但事實上，這種突然的改變很少發生，因此讓許多人感到困惑。

最難改變的行為，多半與「成癮」有關，例如酗酒、抽菸、藥物依賴等。在這裡，我們假定體內產生某些化學反應，讓人更加難以執行對自己最好的事情。當我們嘗試戒除不想要的物質時，戒斷症狀（或稱脫癮症狀）的出現儼然證實了我們的想法：生理上的渴望擊敗了意志力，使我們無法逃脫，需要一些特殊課程才能幫助我們打敗它。

那麼，其他明顯的上癮症狀，像是暴食和賭博（最近還多了性與購物）呢？這些依賴行為跟化學反應比較無關，但是任何嘗試過控制飲食攝取，或壓抑下注欲望的人都會告訴你：實行起來有多困難。

其實這是習慣在作祟。每個人獨一無二的人格特性，很少是理性選擇的產物。當然，有時候我們確實會自己「選擇」培養健康習慣，好比規律運動就是提升生活品質的好習慣。不過，長年以來的壞習慣卻會隨著時間更加頑強，積習難改，即使它們可能會毀了我們的人生也一樣。

好事多磨，再小的改變都要時間

在這些改變一生的不良行為中，還包括我們習慣與他人互動的方式。我們在他人面前表現出來的特質，是能否成功建立與維持人際關係的關鍵。但這些「個人風格」，大部分都不是意識選擇的產物，而是天生或從小跟家人的相處經驗所養成。由於它們存在於潛意識層面，所以我們會抗拒改變，即使在現實生活中已經明顯不管用，我們仍然無可奈何。

就算只是微小的改變，一旦牽涉到改變既定思考和行為模式，仍需要很長一段時間。而且還要努力培養洞察力、重新評估自己的行為，並且嘗試新方法。即使在最佳狀況下，這樣的改變依然需要時間。

同樣地，其他明明已經不管用、我們卻還是一再重複的個人特質和習慣模式，像是衝動、享樂主義、自戀、易怒，以及對身邊人的控制欲，也都是這樣。若以為這樣的特質可以在一夕之間，或一察覺到它們的存在就能立即改變，那就太小看這些習慣的力量，以及把新想法轉變為行為的緩慢過程。

想一想，有**哪些事物可以瞬間改變生活？你會發現幾乎全都是壞事**：半夜打來的電話、意外事件、失去工作或摯愛的人、醫師告知的壞消息等。事實上，除了最後一秒的達陣得分、意外的財產繼承、中樂透，或是上帝顯靈之外，我們真的很難想出還會有什麼突然發生的好事。

在我們的生命中，**幾乎所有創造幸福快樂的過程都需要時間，而且是很長的時間**，像是學習新事物、改變舊行為、建立令人滿意的關係、養育子女等。這就是為什麼耐心和決心會是人生中最重要的美德。

現代社會充滿許多速成的幻象

在現代的消費社會裡，到處瀰漫著「即時滿足」的概念。媒體廣告不斷向人們展現一些畫面，暗示只要擁有某些物質產品，就可以獲得幸福快樂。

廣告中，那些具有魅力的人身邊圍繞著一大群朋友，似乎過得非常開心。像是暗示著我們，只要買對車子、房子，以及喝某個品牌的啤酒，就可以加入他們的行列。這些廣告會造成一種影響，讓我們不滿意自己擁有的東西和外貌。此外，這些廣告也在暗示人們，有個方法可以快速解決你的不滿：花錢。看到這裡，你還會奇怪為什麼有這麼多人負債嗎？

另外，在大肆廣告的，還有各式各樣的成藥，專門解決現代人獨有的毛病。例如，常看電視的人大概都會以為，現在正流行著憂鬱症、過敏、關節炎和胃食道逆流等疾病。只要吃顆藥，就能輕鬆解決打噴嚏和各種疼痛。

或許是汽車、飛機，或是電話的發明使然，在科技發展中的某個時刻，我們都變成沒有耐心的人，希望所有麻煩、困難事都有速成的處理方法。

現代人運用這些科技方法控制實體世界顯然很成功，但是套用到其他地方就有一些不好的後果。舉個例子來說，經歷過一九六〇年代的人應該都還記得，美國前總統甘迺迪（John Kennedy）雖然點燃了火箭的引信，帶我們登上月球，卻也讓美國人陷入二十世紀中，無論在心靈、頭腦，還是科技方面，最悲壯也最昂貴的失敗：越戰。

然而，我們卻依然深受鼓舞，相信自己活在一個只要適當飲食、運動，審慎使用肉毒桿菌和整型手術，就可以大幅延緩老化過程的世界。現代人對青春之泉的追求，顯示我們並沒有接受人類的共同命運。

試圖消滅逐漸老化的證據，這種行為中帶著一種絕望和膚淺的成分。（有人觀察到，隨著健康生活型態的來臨，再過不久，醫院裡就會塞滿沒有疾病，只是在等待衰退至死的老人。）

青春，是生命中必經的失落

人之所以為人，其中一個特徵就是，有能力思考未來。如果想要以優雅或欣然接受的態度，承受時間那令人生畏的重量，我們就必須習慣生命中不可避免的失落。**在這些失去當中，最主要的就是青春。**若是因為變老而感到自我價值逐漸貶低，那麼我們的人生就會變成一個令人失望、沮喪的過程。人們拚命讓自己看起來、或是表現得更年輕，卻忽視在逐漸累積的經驗中，我們得到了知識和人生閱歷作為補償。

我們的注意力極為短暫，而世事飛快地從眼前一閃而過，因此我們的記憶有限，只會專注於眼前最顯眼的部分。我們會去注意充斥在雜誌頁面中，那少數幾位最年輕、最好看、最有錢的人，雜誌還巧妙地命名為《時人》（People）。如果他們才是人，那其餘的我們又是誰呢？

在一個只重視名氣的世界裡（無論這些名氣是名符其實，還是莫名其妙），當一個平凡無名的人又有什麼意義？**只要我們用擁有的物質和外貌來衡量他人和自己，人生必**

定是一趟沮喪的旅程，途中出現的只有貪婪、嫉妒，和想要成為別人的欲望。

破壞只需一瞬間，但建設的過程總是緩慢且複雜。我曾是個軍人，讓我告別軍旅生涯的原因，並不是我不喜歡轟炸事物，事實上，我是怕自己太過喜歡。讓我覺悟且感到憤怒的是，跟維持生命比起來，殺人實在是愚蠢至極的舉動。人類共同的未來，將取決於殺人者與和平提倡者之間的拉扯。人們總是可以為殺戮找到理由，而且通常是宗教理由。不過，就像人生中其他事情一樣，**定義我們的是「我們的行動」**，而不是我們拿來合理化某件事的藉口。

我們生活中經常出現輕鬆簡單和費勁努力之間的拉鋸。如果我們相信轉變可以一瞬間發生、一次得分就大獲全勝，那麼人就不太可能去追求比較困難、和不能立即得到滿足的目標，成為理想中的自己。所以，這就是時間、耐心和反思，在生命中所扮演的角色。如果我們相信建設比摧毀好，存在比成名好，自己照著想要的方式生活、也要尊重別人的生活方式，那麼我們或許就有機會，慢慢在這兩大靜默之間，靈光乍現，找到一個滿意的形式走過我們的生命。

第15章

生病的優點，是讓人在責任壓力中喘息

走進我辦公室的人們都是非常悲傷痛苦，沒有人是順道來聊天的。心理治療的費用與各種情緒障礙所承受的汙名，都讓前來尋求幫助的人相當苦惱。

因此當我問他們，這些困難有沒有帶來任何好處時，許多人都相當驚訝。他們太習慣專注在焦慮或憂鬱引起的不適和限制上，從來沒想過這些狀況可能帶來任何回饋。

動物心理學中有個基本原則，就是任何受到回饋強化的行為，都會持續下去；而沒有回饋的行為就會停止。如果猴子拉槓桿會得到食物作為獎勵的話，牠就會一直拉槓桿，就算是間歇性或不固定的給予食物，牠還是會照做。但如果完全停止給予食物，隨著時間過去，牠就不再繼續拉槓桿了。人類也是這樣，我們會重複某

些可以產生回報的事，只是有時候，我們很難分辨得到的回報是什麼。

當「病人」可以獲得一些禮遇

在人生背負的所有重擔中，最麻煩的可能是對自己和我們所在乎的人負責。人們忍受令人麻木的例行公事、討厭的工作、不滿意的人際關係，全都是為了實現對自我的期許。當我們找不到其他緩解痛苦的途徑，某些形式的疾病或無行為能力成為少數能被社會接受的方式，即使只是短暫的一段時間，仍能讓我們暫時卸下責任的重擔。

生病的時候，別人不會期待患者每天早起去面對厭惡的任務，反而會告訴當事人「放輕鬆」。對某些被困在繁重義務中的人來說，生病時雖然行為能力減少和身體疼痛不適，但會因他人的期待感降低，反而鬆了一口氣。

當然，大部分人不會用這種方式思考。他們滿心想著生病帶來的明顯缺點，並且對任何暗示他們得到的附帶收穫感到憤慨。然而，特別是當人們得以暫時脫離工作或其他責任，而鬆了口氣的情況下，真的很難說，這個「回饋」沒有強化與延長「病人」這個身分。

當一個人失能的時間愈長，疾病就愈可能變成這個人的部分身分——也就是我們看待自己的方式。這是一種危險的發展，因為人們納入自我身分認同的特質，都屬於潛意識，更加抗拒改變。治療師的工作就是把這些東西帶到意識層面，才能進一步理解與處理它們。

為了治癒吃藥，何不以行動改變

精神疾病的診斷，本質上是描述性的。我們不知道是什麼原因使得這個人極度焦慮，由於這種症狀多為家族遺傳且對藥物有反應，所以可以假設它具有某種的遺傳與生物學基礎。

遺傳學的研究，無疑將會釐清其中的特殊化學調節機制，但屆時我們是否可能理解，為什麼兄弟姊妹甚至是雙胞胎，在經歷相同情境時，卻有不同程度的反應呢？

傳統醫學一直有個缺點，它讓多數人在面對生理疾病時，感覺更加無助。這種無助感不僅增加患者對醫師的依賴、提升醫師的地位，卻減少患者本身的責任感。各種有效的身體治療方式興起，包括抗生素、手術、藥物控制症狀（例如糖尿病、高血壓，和各種賀爾蒙缺乏症）等，都進一步助長了這種觀念：治癒只是發生在我們身上的事，而不是我們應該主動去參與的事。這種態度使得患者在面對身體疾病時變得被動。

同樣地，過去五十年來發現對治療焦慮、憂鬱，和精神疾病有效的藥物，也讓因這些症狀所苦的人們產生一種期待，認為只要吃顆藥，就可以有效緩解他們的痛苦。

在治療多種情緒障礙症中，雖然藥物確實有其一席之地，但使用心理治療幫助人們改變感受和行為，它的重要性始終未減。

引導好的意念轉變為實際行為、做出改變，依然是療程中長期教育過程的重點所在。這項任務的基本要素——**每個人在永無止盡追求幸福快樂的過程中，都要為自己的選擇負責**——這仍是促使改變非常重要的工具。

第16章

無論多麼絕望，人們永遠不會沒有選擇

不同的情緒障礙都有一個顯著的特徵，那就是他們多少都有些**壓抑**。飽受憂鬱症、焦慮症、躁鬱症，或思覺失調症折磨的人們，在世界上無法正常自由運作，必須調整行為來遷就疾病。

當我們覺得憂鬱沮喪時，總會無精打采、很難專注。低落的情緒導致我們遠離以前令自己愉快的人事物，就連工作能力也受到影響。在某些極端的案例中，甚至會失去活下去的意願。

同樣地，過度焦慮也時常導致各種迴避行為，讓我們試圖減少內心的擔憂和緊張。在一些重大的精神疾病案例中，比如躁鬱症或思覺失調症可能失去對現實的掌控，而無法自在的與這個世界接觸。

以上提到的所有狀況都有生物學基礎，這就是為什

麼藥物通常會奏效的原因。然而，當病況嚴重到難以正常作息，人際關係也受到影響時，採取行為治療也很重要。當一個人的生活已經受到焦慮箝制時，就必須下定決心，勇敢面對恐懼，不能再一味讓步。這也就是處理焦慮的主要原則：**逃避只會使情況更糟，面對才能逐步改善它。**

至於憂鬱症，需要改變的通常都是克服一定程度的惰性和疲勞，去做一些讓自己感覺好一點的事情。只是當一個人沮喪悲觀，覺得自己毫無價值時，要求他這麼做更加困難。不過，即使是與現實連結相當薄弱的人，也不是一直處在這種狀態。對這些人來說，他們會非常努力改變，利用藥物帶來的好處，盡可能正常過日子。面對慢性精神疾病患者，強大且資訊充足的家庭支持至關重大。

我在工作中學到跟愛有關，最動人深刻的心得，都是透過罹患阿茲海默症、思覺失調症，或其他只會逐漸惡化的失能症患者，他們的父母、配偶和子女教我的。大部分的英勇勳章，都是獎勵人們一時的英勇表現。而那些日復一日、無怨無悔照料著失能家人的親屬卻很少被提及，但在我的心裡，他們已經贏得了天堂的一席之地。無論那個天堂到底在哪裡。

我們可還沒死呢！

我最近參加一場研討會，有位主講人講述慢性疾病帶來的負擔，並且提到一個他覺得相當不錯的殘障人士服務組織。當他停頓、試著回想組織的名稱時，一位坐輪椅男士的聲音迴盪在廣大的演講廳：「還……沒……死！」

講者立刻回應：「對！就是這個！」

這樣的決心值得所有人學習。並非因為我們還算幸運，有些人的負擔比我們沉重，而是每個生命都包含著某種失落，無法逃避。**怎麼應對這些失去，決定了我們是什麼樣的人。**

「體恤之友」（The Compassionate Friends）是由喪子雙親所組成的支持團體。許多痛失親人的人都說，有人會出於好意告訴他們：「我不知道你是怎麼撐下來的，如果是我，我不確定自己是否承受得住。」這句話的本意應該是恭維，卻反而讓這些悲痛的父母產生某種苦澀的可笑。我們有選擇嗎？難不成我們也要去死，拋下那些仍然依賴我們的人才行？

很多時候，我們寧可放棄自己的生命，也不想繼續活在失去摯愛的人生裡。可是我們得不到這樣的解脫，只能扛起必須承受的，繼續堅持下去。

「心理健康」就是我們可以選擇的狀態。**當我們做出的選擇愈多，就愈可能得到快樂**。那些重病或消沉沮喪的人，都因為選擇受限而受盡折磨。有時候是因為受到外在環境或疾病的限制，但更常見的是受到自己的各種限制。以這一點來說，最主要的變因還是對風險的耐受度。

倘若我們聽了心中恐懼的勸告——尤其是對改變的恐懼——那麼要選擇一個讓自己快樂的人生，就很困難了。**限制我們的，到底是焦慮，還是缺乏想像力呢？**

無論情況多麼絕望，人們永遠不會沒有選擇。這就是心理治療最重要的本質——儘管負擔如此沉重，也不必向絕望屈服；只要謹記一個信念：我們沒有失去一切，仍有翻轉的機會。我們可還沒死呢！

PART

4

關係篇

Relationships

我們活在競爭的社會，
總是把世界畫分為輸家和贏家兩方。
在與人建立親密關係的微妙過程中，這種觀念極具毀滅性。

第17章

大多數童年創傷，已經過了「追訴期」

我們的人生故事並沒有一個固定版本，而是經常在修正。當我們試著跟自己或別人解釋：「我」為什麼是現在這個樣子時，因果關係之間的細節脈絡，總是會被重新編織與詮釋。每當我聆聽過往這些故事，對於人們如何把童年經驗和今天的自己連結起來，總是感到非常佩服。

那麼，我們到底該如何面對自己的過去呢？

不可否認，過往經驗造就了我們，如果想要避免犯同樣的錯誤，不想感覺自己好像困在自導自演的歹戲拖棚中，就必須**從過去學習**。這就是為什麼在心理治療初期，聆聽患者的故事不帶批判至關重要。這些記憶中隱含的不只是事件本身，還包括它們對患者的意義。

由於陳述事件的是一個焦慮、憂鬱，或對自身存在有某些不滿的人，所以我們很可能會聽到各種抱怨與創傷。這些或許和他們目前的不快樂有某種關聯。

提醒那些哀嘆的人們，「接下來呢？」

每個美國成年人都有相當程度的大眾心理學基礎，會將過去的痛苦和現在的症狀連結在一起。要為自己的行為和感受負責，需要很大的決心，所以人們自然會選擇比較容易的方式——怪罪以前身邊的人（尤其是父母），當時沒有採取比較好的做法。

如果曾發生嚴重的生理、心理，或性方面的創傷，那麼意識到並處理這件事情就更加重要。沒有哪個孩子能在父母的虐待或忽視下，毫髮無傷的逃脫。重要的是，諮商人員要帶著悲憫同情之心進行檢視，但是過程中要強調學習，並且拒絕相信「慘痛經驗會影響一個人一輩子」的假設。

改變是生命的本質，也是所有心理諮商的目標。因此，為了繼續前進，必須跨過單純抱怨的階段。很多人會問我，這樣無止盡聆聽患者「哀嘆」自己的人生，為什麼不會感到厭煩。

答案很明顯，因為抱怨自己有什麼感覺，或抱怨重蹈覆轍的行為導致熟悉且不快的結果，都只是治療過程的開端而已。諮商期間，我最喜歡問的問題是：「**接下來呢？**」（我還把這幾個字做了一個巧妙的設計，設定成電腦螢幕保護程式上不停閃爍的文字，讓患者可以清楚看見。）

這個問題隱含改變的意願和執行的力量，超越緊抓著過往創傷的自我憐憫，並且體悟到——運用目標導向的對話、深人洞察和心理治療，來確實改變患者行為的重要性。

相信患者會找出適合自己的解決方法

在心理治療的過程中，我不太會直接給建議，這不是出於謹慎，也不是要讓患者自己想出解決方法的「小祕訣」。而是因為大部分時候，我也不是很清楚他們必須做什麼，才能讓自己變得更好。但是，在他們思索的過程中，我可以坐在那裡陪著他們。我的工作就是督促他們去進行這項任務，並指出我認為他們的過去和現在之間有什麼連結，思索潛藏的動機，表達我對他們的能力有信心。他們一定能**找出適合自己人生的解決方法**。

心理療程期間需要某種訓練。前來諮商的人們，總是希望我能指出一條明智的道路，告訴他們必須做什麼。畢竟，我們去看醫師就是希望得到處方，人們都被訓練成期待得到快速的結果。感覺不舒服嗎？那就吃這種藥吧！

一想到必須坐下來，談論自己面對的問題，還有以前嘗試過但失敗的方法，等於在說這是個緩慢又龐大難解的過程。而且過程核心還帶著一個令人不舒服的假設：**我們要對自己身上發生的大部分事情負責任**。

此時，心理治療師必須非常謹慎小心。每個人都承受過自己毫無選擇的事件和損失，包括原生家庭、孩童時期被對待的方式、面對親人的生離死別或離婚。因此，我們不難推論許多人生際遇是自己無法控制的，總會受到事件和人物的負面影響。

心理治療師如果不斷嘗試把對話重點導向**未來的選擇**，可能會讓患者覺得不公平或被批判。在諮商過程中，最重要的就是醫病之間的同盟關係，患者必須相信醫師站在他這一邊。

一個好醫師就像好父母

適當的心理治療，可以結合自白懺悔、重新撫育（re-parenting，再教育及培養）與顧問指導。這世上沒有適合所有患者的完美心理治療師。每個人都有各自需求，他們遇到的治療師或醫師可能跟自己特別「合拍」，也可能合不來。除此之外，治療師也會將自己的人生經驗、個人偏見，以及對改變的哲學等帶入療程中。連結關係的嘗試往往是徒勞無功，甚至可能有害。這就跟所有人際關係一樣，難以定義或預測什麼才是有效的方法。

優秀的治療師或精神科醫師所具備的特質，就跟好父母一樣：具有耐心、感同身受、有能力愛人，以及不帶批判的傾聽。也就是說，如同父母對每個孩子的反應都不相同，心理治療師也是如此。每位治療師對某些個案的諮商效果就是比較好。

雖然不太願意承認，但我們確實更能幫助與自己相似的個案。沒幾個人願意承認這種狀況，但這其實很合乎邏輯。試想一下，如果到了某個陌生國度，就算會說當地的語言，也無法成為有效的治療師。因為不熟悉當地的文化習俗和期待，使得我們發揮空間有限。所以就算在我們熟悉的社會中，不同種族、社會階層等因素，人們的生活方式也不盡相同。若認定每位治療師或精神科醫師對每個患者都能達到同樣療效，這種想法就太過傲慢了。

患者選醫師，醫師同樣會選患者

面對第一次來找我諮商的患者，我總在一開始要認識這個人時，先問自己一個問題：我喜不喜歡，或是以後會不會喜歡這個人？假如我對這個患者的故事感到厭倦，甚至感覺受到冒犯，我就知道是時候禮貌性建議對方，或許找其他醫師幫忙會效果比較好。

舉例來說，如果個案狀況棘手、很難處理，我會有一種習得性的無助感（learned helplessness，編按：經歷失敗和挫折後，面對問題時產生無能為力的心理狀態或行為）。如果發現只有我自己投入大量精力及正面樂觀，或是我正在失去改變對方的希望，就是該喊停的時候了。如果面對的患者讓我不斷想起自己的父親或母親，或曾跟我有過衝突的人，甚至是青春期拒絕過我的女孩，那麼我就知道自己已經身處險境。

最後，倘若來找我諮商的患者，似乎打算沉溺於過去，不願意規畫更好的將來，我會變得沒有耐心。只是一味同情對方，等於把仁慈用在錯的地方，就算理由正當也一樣。**我真正販賣的是希望，如果在費盡苦心之後，還是沒辦法說服這個人買下希望，那麼繼續下去也只是浪費彼此的時間罷了。**

第18章

「完美主義」是幸福的最大敵人

在這個充滿不確定的生命過程，多數人都投注了大量時間和精力，竭盡所能想要掌控發生在自己身上的各種事情。

我們從小被教導追求一種難以捉摸的安全感，滿足的主要方法就是獲取物質商品，並學會得到它們的本事。人們彷彿被放置在一個軌道上，不停被暗示：只要我們往「成功」邁進，就能得到快樂與保障。

要達到這個目標的根本方式就是受教育。學校教育結構式的升學機制，將社會地位和成功潛力進行系統化分類，同時提供各種中程目標來滿足需求，確保我們會不斷進步。完成各階段的教育，拿到畢業證書，就像是有了提升社會與經濟地位的保障。最後，我們希望學會一系列足以謀生的專業技能，藉以累積在社會上立足所需的一切事物，確保這樣的身分會帶來幸福。

我們也被教育，必須建立親密關係以滿足重要需求——尋找性伴侶、建立穩定家庭、生兒育女等——並且達成其他與自我關注和穩定情緒有關的目標。長輩耳提面命的教誨，大多著重經濟上的成功，至於如何跟他人建立關係，尤其是如何與異性交往，就得靠自己摸索。理論上看起來，對於異性的需求和欲望，應該選擇與自己互補的對象，但這方面總是模糊曖昧，令人沮喪。

「完美主義者」與「控制狂」

為了好好掌控自己的生活，就必須控制他人的生活，這種觀念會產生一個問題。因為這樣一來，我們就像在參加零和遊戲（譯注：zero-sum game，遊戲中一方所得分數即為另一方所失去的分數，遊戲總成績永遠為零），只有在犧牲他人利益的狀況下，我們才可能得到自己想要的。

我們活在競爭的社會，總是把世界畫分為「輸家」和「贏家」兩方：共和黨對抗民主黨；善良對抗邪惡；我們的團隊對抗他們的團隊。資本主義制度就是建立在競爭上；法律制度因衝突和追求自身利益而興盛。那麼，**我們經常透過輸或贏這種二元對立的鏡片看待世界**，又有什麼好奇怪的？可是，在與人建立親密關係的微妙過程中，這種觀念極具毀滅性。

控制是常見的一種幻象，與追求完美有密切關係。我們夢想著，可以把全世界和所有人都收到自己的意志底下，這樣一來，就不必協調彼此的差異，不需要忍受失敗和被拒絕的可能發生。雖然我們逐漸理解這樣的世界不可能存在，但有時候還是會運用操控的權力，盡可能去控制身邊的人。

每個人或多或少都認識幾個完美主義者，他們總是不斷要求自己和身邊的人，非常執著於某種規範，最後只是讓人更加疏遠而已。他們不信任自己的感覺，全心全意只想著自己可以控制的事物。

如果要幫完美主義者辯護、說句好話，或許可以說，這些執著的人為了其他人努力維持世界順利運轉。畢竟，誰想讓一位放鬆懶散的外科醫師動手術，或是搭乘由工作態度「差不多就好」的技師所維護的飛機呢？如果我們在任何事情上表現傑出，那是因為我們願意投入全力關注細節（無論你認為存在細節中的是上帝還是魔鬼）。

執著於控制的完美主義者，他們的問題在於——工作上表現出色的特質，在私生活卻令人難以忍受。我治療過許多工程師、會計師和電腦軟體工程師，如果要求他們減少控制，可能會導致工作效能降低。最好的方法是，向他們解釋完美主義的自相矛盾之處：某些情況下，尤其是在親密關係中，**只有透過放手，才更能控制它**。

第19章

沒人喜歡聽命行事，別讓孩子變敵人

「沒有人喜歡聽命行事」，這似乎明顯到不需要特別去提醒，可是你看看有多少親密關係的溝通，都是帶著訓誡和命令。

某些父母總說孩子不聽話，有時我會請他們記錄一下，在他們的親子對話中，批評或指示占了多少百分比（後者是前者的另一種形式）。我聽到的數字幾乎都是八〇到九〇%。有時候，光是父母兩人之間的溝通也是同樣百分比，這結果毫不令人意外。

當別人「叫我們去做什麼事」時，通常我們會有什麼反應？

最常見的反應，應該是從氣憤到頑強抵抗。不論我們是公然拒絕（「我才不要做。」）或是消極抵抗（「我忘了。」）結果同樣是搞得所有人都受挫。

我們絕不是服從型的民族。大多數人的祖先是為了追求自由和民主，為了捍衛這些理念，做出極大的犧牲，歷經危險的旅程來到這裡。我們天生注定是要來質疑權威的。

父母的訓誡，養出敵對的孩子

話雖如此，人們卻依然喜歡告訴其他人該做什麼。一般人聽到命令會有什麼反應，這是每個人都有的基本常識。但我們對控制的欲望，還有自以為知道事情應該怎麼做的信念，常常壓過了這個基本常識。

為人父母者尤其如此。即使是在我們這種以孩子為中心（有些人會說是迷戀孩子）的社會，我們還是覺得自己最清楚怎麼「引導」孩子，能讓他們能發揮更大潛力，成為優秀的學生、傑出運動員，成為另一則成功傳奇。

通常我會請那些起衝突的人們，暫時不要批評身邊的人，看看是否能夠改變氣氛。但很多人似乎都覺得這個建議太過偏激，實在令我吃驚。

他們的理由不外乎：「如果我不去批評和命令身邊的人，一定會天下大亂。家事沒有人做，碗盤堆得半天高，房間不會有人打掃，房子會垮掉。如果完全不管孩子的學校作業，在校表現一定會變糟糕，然後就會開始吸毒、未婚懷孕，過著犯罪者的人生。我不能讓這種事情發生！」

在心理學中，這叫做「嚴重化」(awfulizing，編按：對於負面事件後果做極端化的評估)。就是我們常說的，認為自己只要稍稍放鬆標準，或是一開始沒有注意，就會導致失敗、墮落和文明的崩解。

人類天性的悲觀本質，可以從兒童教養理論中看出端倪。例如，所謂的「兩歲惡魔期」(terrible two)，就是因為嬰兒期強烈的自我中心，與父母為了教養而頻說「不可以」時，不斷起衝突的風暴期。大發脾氣的幼兒，感覺就像是在提早進行排練，預演青春期不可避免的自主權爭奪戰。當父母在彼此討論這些發展階段時，常會搖頭微笑，一副心知肚明的樣子，彷彿帶著一種自我實現的味道。就像人生中大部分的事情一樣，我們的期待通常都會實現。

另一個看待親子衝突的觀點認為，這些衝突只是長期權力鬥爭中的小小戰役。這多半來自一個錯誤觀念：父母的主要任務是透過規矩和處罰，以及不斷訓誡，來形塑孩子的行為。事實上，這個方法雖然有時奏效，但更常培養出與父母敵對的孩子，長大後變成對立的大人。

是「不聽話」還是「不懂事」？

「消極抵抗」是沒有權力者的最後庇護。不能罷工的裝配線上工人，可以故意放慢製造速度。孩子因為身心比較弱小，沒辦法公開質疑父母，但是可以藉由不做爸媽叫他們做的事，來展現自己的不悅。像是學校成績不佳、叫他們做的家事不做、動作慢吞吞、習慣忽略指示……全都是消極抵抗的常見例子，讓父母們氣到抓狂。而父母常見的應對方法，就是堅持繼續說教、訓示和處罰，努力「讓小孩聽話」。

我常常問這些父母，是否真的認為問題出在孩子不懂事？他們真的認為，再說一次孩子就會聽進去嗎？還是問題出在親子關係中的強迫、重複和批評的本質呢？

通常那些滿心想要控制小孩的人，跟配偶之間也會有類似困境。這種婚姻的氣氛，通常都有以下特色：不停爭吵、權力爭奪，以及雙方都覺得對方不聽自己說話。

同樣地，我會請他們想像一個沒有批評和命令的情境。習慣給配偶開指定事項清單的人，根本想像不出別的方法（「他什麼事都會忘記啊！」）。

這些習慣批判者通常都是在習慣批判的家庭中長大，因此很難想像還有什麼方式可以和家人互動。要求他們這麼做，等於是期待他們改變長久以來的習慣。這需要有意識的努力和少許的善意。

在一段長期不贊同彼此，且有敵意防備的關係裡，通常很難培養出善意。繼續做自己習慣的事情，總是比較簡單，就算它顯然已經發揮不了作用。

對許多人來說，不去批評和指示身邊的人該做什麼，竟然可以過日子，這種想法簡直不可思議。如果一個人願意接受不去批評和指示，就算只有很短暫的時間，結果都會讓他們感到輕鬆不少。

相信生活一定要有紀律，就像天主教中原罪的概念，認為每個人的靈魂與生俱來就有汙點，所以必須贖罪——而且是在父母和教會的幫助下。我們必須從自己最原始的衝動中，被解救出來。服從這些權威的最初誘因，就是恐懼：「罪的工價乃是死。」（譯按：〈羅馬書〉六章二十三節）這就是為什麼最虔誠信仰基本教義派的人，對孩子的教養也最嚴格，因為重要的不只是在世間的成功或失敗，還包括永生的靈魂。

教養最重要的事

無論我們是否有宗教信仰，每個人多少都會帶著一種幻想，認為孩子是塊空白的石板，父母得在上面刻下規矩。父母的責任是教導孩子需要的一切，好好面對可能會毀掉他們的內在衝動和外在影響。許多父母擔心自己無法達到這個目標，害怕自己會失敗，孩子就會迷失。但往往**當我們拚命要當個好老師時，傳遞給孩子的卻只有焦慮、不安，和對失敗的恐懼**。

教養孩子的主要目標，除了保護他們安全、給他們愛之外，更要讓他感覺到——**在這個不確定的世界裡，還是有可能幸福快樂的。我們要給他們希望**。

當然，如果想要這麼做，「以身作則」會比跟他們說什麼都來得重要。假如我們可以在自己的生活中，展現出重承諾、有決心，以及樂觀的特質，那就算是盡到責任了。

然後，可以把手上的教養書拿去當門擋，或當作火爐的燃料。

我們不能期待經常被批評、威嚇和說教的孩子，會對自己和未來有什麼好的期待。

第20章

世界雖不完美，
更要讓孩子相信幸福的可能

每到驪歌響起的季節，我女兒念的那所大學，校刊的畢業專區就會有一個版面放上畢業生的兒時照片，一旁附上父母的簡短感言。幾乎所有留言都差不多：「我們非常以你為傲。」

在這樣的時刻，這種話似乎是自然的真情流露，但我的感覺是，在這種以孩子為傲的情緒中，還帶著一定程度的自我滿足。彷彿昭告世人，我們把為人父母的角色做得極好。

父母竟然把孩子得到的某些成就，視為自己的功勞。我對這一點感到震驚。因為在診療工作中，我看到了硬幣的另一面：有些孩子過得並不好，他們吸毒、犯法，或墮落於生活中某個地方。這些父母的心裡充滿愧疚（「我們到底做錯了什麼？」），孩子們的痛苦掙扎，彷彿是自己不夠努力所造成。你很少看到汽車保險桿上的貼紙寫著：我的小孩在勒戒所。

如果有人以為，我們要為孩子的成功或失敗負起全責，或大部分的責任，這無疑是種自戀的迷思。當然，虐待孩子的父母，無論是發生在生理上、心理上，或性方面的虐待，都會對孩子造成嚴重且持久的傷害。但是，這並不表示那些盡到基本義務的父母疼愛孩子、提供穩定教養環境讓孩子成長，就要對孩子努力的成果負責。

每個孩子都是獨立的個體，他們的成功與失敗，主要取決於他們怎麼過自己的人生。而且無論這些決定是好是壞。

父母可以試著把自己覺得重要的價值觀和行為教給孩子，不過，真正把我們心中信念傳達給孩子的，還是大人的所作所為。至於孩子要不要把這些價值觀融入自己的生活，就是他們的選擇。

孩子其實很能嗅出虛偽的氣息。在青少年間廣受歡迎的《麥田捕手》（The Catcher in the Rye，編按：書中主角對於虛偽社會的厭惡與抵抗，觸動許多青少年騷亂不安的心靈），就證實了這一點。如果我們言行不一、明顯的自相矛盾，孩子們不但會發現，而且對此行為發出譏諷和嘲笑。但身為獨立的個體，要怎麼把童年看到或學到的東西融入自己人生，背負主要責任的終究還是他們。

除了紀律，樂觀也是很好的家教

焦慮是會傳染的。孩子會從父母身上感覺到焦慮，並且受到影響。早在他們年紀尚小，還不會用言語表達自己從周遭人感受到的情緒時，就已經開始。

對大部分新手父母來說，把一個孩子帶進自己的生活，這個過程既複雜且充滿不確定性。像是生理需求，光是改變睡眠習慣就夠困難的；何況還會擔心自己「做得對不對」，都是自然不過的事。資訊和支援來源的品質不一，我們的父母可能有實用的建議，也可能沒有；而各種教養書裡的建議通常互相衝突（例如，「寶寶哭的時候要不要抱」的爭議始終存在）。

許多教養專家最主要的爭論議題，就是「紀律」。如同大部分的核心信念，它也帶有一點政治暗示。保守做法認為小孩天生就自我中心，所以需要設定嚴格的規矩，讓孩子「社會化」，一旦違反規矩就要處罰。這套主張的概念是，撫養小孩是一連串的權力爭奪，父母非贏不可。因此，利用自己較強大的心理狀態和生理優勢來確保勝利，是正當手段。

許多建議都是教導孩子懂得禮貌與服從，以及父母要怎麼抑制他們不顧一切、不負責任、恣意追求玩樂的自然傾向，以避免家庭瓦解的可能。當然，這種看法表現出基本教義派的概念，認為人生下來就有罪，必須透過嚴格的教養規範才能控制他們（「汝不可……」）。

其實，父母可以換個方式（還有許多其他選擇），採用更靈活、更樂觀的想法——只要給予愛和支持，多數孩子都能成長為快樂、有生產力的成人；無論父母採用什麼樣的教養理論，他們都能成為獨立的大人。

這套比較輕鬆的方法，是試著在孩子的行為上建立「合理限制」，較不會引起衝突和怨恨。要知道，教養的成功與否，並不在於誰一定是對的，或誰一定知道所有事情的答案。最重要的是不要打孩子，因為體罰帶給他們的主要教訓，只有恐懼和暴力。

這些年來，我觀察到一件重要的事：在各種教養方式下，從獨裁到自由的作風，孩子都好好長大成人了。重點是，**讓孩子感受到愛與尊重**就行了。

父母必須制定限制，尤其是跟人身安全與侵犯行為有關的問題。與此同時，家人之間那些耗盡幸福快樂、導致毀滅性權力爭鬥的對抗，大多來自父母執著於控制一切的行為。他們焦慮地認為，孩子與犯罪人生之間的區隔，必須由他們全權指引。當父母滿心想著無足輕重的小事，像是吃什麼食物和房間整潔程度……就會產生親子間無盡的衝突。

控制狂父母，別急著幫孩子做決定

只要在機場待上一段時間，你就會知道縱容任性妄為的孩子，會有什麼缺點。問題變成是，如何尊重他人的權利，又不要施展毫無意義、建築在恐懼之上的權威，因為這些最終只會產生怨恨與消極的抵抗。

就跟生命中的許多事情一樣，危險存在於極端之中。獨裁和縱容看起來雖然像是光譜的兩極，但其實更像是一個圓。例如，小孩在嚴格掌控的家庭中長大，只學習到遵守嚴格的外在規矩，內在的自我修養卻極差。相反地，在沒什麼限制的教養中成長，孩子也沒辦法學習到與他人自在相處的必要規則。

身為父母的主要任務，除了好好照顧孩子生理和情緒上的健康安樂外，就是讓孩子知道，**這個世界雖不完美，但儘管如此，還是可能得到幸福快樂**。父母只能透過身教來完成這項任務，因為在孩子眼中，我們做的事情比說的話深刻許多。

所以，當有些父母深信自己最重要的角色是形塑孩子的未來，而來問我：「我可以做些什麼，確保孩子長大以後會有成就？」他們通常會很訝異我的回答：「你能做的不多，但或許可以**減少爭執次數、不要試著控制孩子的每個決定**。這樣做，可以讓每個人過得更開心。」

父母是如何把自己最深的恐懼加諸在孩子身上？最鮮明的例子，就是「陌生人誘拐兒童」這個議題所產生的歇斯底里。雖然美國每年被陌生人帶走的兒童不到兩百個，但購物中心只要舉辦「兒童安全」講座，看到宣傳的父母便會蜂擁而至。活動最後通常會留下孩子的指紋和照片，當他們好奇詢問這麼做的理由時，父母卻很難誠實回答：這樣一來，萬一你被綁架時，我們才能確認你的屍體。

你真的認為孩子無法感知到這種恐懼嗎？與此同時，美國每年有三千四百名兒童死於交通事故，還有超過三千名兒童死於槍火之下。

充滿不幸的世界，如何才能快樂

遇見悲觀的年輕人總是讓人無比沮喪，明明年紀輕輕，卻認定自己的人生沒有希望。他們到底是從何獲知這樣的想法？一般來說，不會是從報紙上讀到的吧。

當人們想要為自己的憤世嫉俗辯解時，總能找到一大堆證據。只要檢視我們的人生或周遭的世界，並不難找到例子來支持所有事情都愈來愈糟的想法。「壞消息本來就比好消息有意思」，所以我們每天都沉浸在悲劇、混亂，以及人類可以墮落到什麼程度的故事中。

天啊，我們居然沒有全體得到憂鬱症（事實上，只有一五至二〇％的人患有憂鬱症），有時還真令人驚訝呢！

活在這樣的世界，人要如何感到快樂呢？

以正面態度否定現實當然有幫助，但真正的祕訣在於——**選擇性的注意**。在這樣一個充斥著不幸的世界，如果將自己的意識和能量專注在帶來歡樂與滿足的人事物上，我們就可能活得更快樂。

儘管人生短暫，災禍難以預料，我們仍能振作起來（雖然起起落落），盡可能享受人生。這樣的人們和勇氣的終極表現，是真正的奇蹟！只要我們有能力做到這一點，彼此和樂相處，就是給孩子最實用的榜樣。生活中帶點幽默感，也會很有幫助。

第21章

那些不合邏輯的行為，帶來更多「不和」

在我過去的經驗中，許多心理治療師常常浪費太多時間在說服人們，停止那些不合理的、不該出現的、看起來「**不合邏輯**」的行為。

比方說，有個男人下班回到家，開口的第一句話就是：「家裡也太亂了吧！」他的小孩立刻鳥獸散，而他太太也剛下班從托兒所接回小孩，聽到這句話就生氣了。那一夜，就被一個壞的開始給毀了。

聽完這個故事，治療師會指出，在漫長辛苦的一天過後，批評疲倦的太太是非常糟糕的行為。所有人都會認同這個觀點，但並不會因此改變先生的行為，頂多只會轉移去批評別的事物而已。兩個人依然對彼此很不滿意，衝突也將持續下去。

所以，問題出在哪裡？為什麼人們似乎無法理解批評會導致憤怒和不快？當然這個問題並沒有標準答案。但用邏輯判斷來對付根深柢固、習慣性的感覺和態度，通常很難有成效。這是因為我們做的事、固有的偏見，以及讓生活充滿痛苦的重複性衝突，幾乎都不是理性思維的產物。

我們活在「自動駕駛」的人生

事實上，大多數時候，**我們都是以「自動駕駛」的方式在這個世界裡運行，昨天行不通的事情，今天依然照做不誤**。一般人可能認為，透過學習或心智成熟的過程，會使得我們根據不愉快的經驗而改變行為，但只要看過平庸的高爾夫球選手打球就會知道，事實並非如此。

其實有時候，我們好像是被困在無效的生活模式中，不斷實踐那句古老的軍隊格言：「如果一次行不通，那就做兩次。」我們大部分行為背後的動機和習慣模式很少是理性的，反而比較常受到衝動、先入為主的觀念和情緒驅使，但自己卻很難察覺。

在先前的例子中，下班回家的那個男人，可能因為工作表現差強人意或長途通勤，而產生不滿情緒。他渴望對令人發狂的混亂生活，能有一定程度的控制。於是帶著回到避風港的盼望走進家門，卻面對更多的責任和失序混亂。**這不是他想像中的生活，那麼誰該為此負責？**

假如我們大部分的行為都是受到感覺驅使（無論這些情緒有多麼不明顯），這就表示：要改變我們的行為，必須先想辦法辨識自己的情緒需求，找出滿足這些需求的方法，同時**不要冒犯與我們的快樂息息相關的人**。

養育之恩？孩子欠了父母什麼？

如果我們希望，當然大多數的人都會希望，別人能以和善寬容的態度對待自己，那麼就必須先培養我們和善寬容的特質。每當我與失和的夫妻談話時，都會很驚訝地發現，他們期望的東西竟然如此相似：**想被尊重、被傾聽、想感覺他們是對方生活的中心**。在情感關係裡，我們想要的不就是這些嗎？當人們談到「愛」的時候，他們指的其實就是這些。

俗話說：「要怎麼收穫，先怎麼栽。」「種瓜得瓜、種豆得豆。」雖然都是老生常談，但還有什麼比這些更真實的？那麼，為什麼這麼難做到？這就像要解釋一個人現在為什麼會做出某件事一樣，答案就在過去的經驗中。

我們從小就得到父母無條件的愛，但是前來找我諮商的人，卻很少有人感覺自己得到這種愛。相對地，他們的童年記憶反而充斥著一種沒有明說的責任，「我要讓父母引以為傲」——在學校要表現傑出、不要惹麻煩、找個適合的結婚對象、讓父母抱孫子……這些都是父母灌輸給孩子的責任感。只要接受父母的養育之恩，就好像欠下某種債，只能透過符合他們的期待來回報。

身為父母當然有許多重擔，從生產過程的痛楚開始，嬰兒時期沒辦法好好睡覺、無止盡接送小孩參加各種活動、面對青春期叛逆的壓力、存錢讓孩子去上大學……養育孩子的每個階段都意味著某種程度的犧牲，經常引來父母抱怨。理所當然，做孩子的多少都會覺得自己有義務回報他們。

「我欠父母什麼？」直到孩子長大成人，這個問題仍不時扭曲著他們的生活，有時甚至跟著他們一輩子。**事實上，孩子什麼也沒欠我們**。把孩子帶到這個世界上，是我們自己的決定。我們愛他、提供他生活所需，本來就是為人父母的責任，不是什麼無私的行徑。父母打從一開始就知道，孩子們長大後會離開，而父母絕對有義務幫助他們沒有負擔地離去，不需要背負著永無止盡的感恩或虧欠感。

不斷上演的家族衝突與分離焦慮

健康的家庭很能接受孩子單飛；不健康的家庭則會想要抓住他們。當我看到一些家庭的孩子，成年後依然住在家裡，而且多半過得不快樂時，我都會忍不住感慨，同樣的衝突和分離焦慮將一再上演，永遠沒有解決的一天。他們共同的幻想似乎是：「我們會持續努力，直到做對為止。」然而有的時候，這種事永遠不會發生。

據我所知，有些家庭的子女明明已經是二、三十歲的成年人，但父母依然每天會等「小孩」回到家後才睡覺。親子之間對於家庭瑣事和用餐時間的爭執，反映出他們渴望回到過去，害怕一個必須獨立的將來。雙方之間有一種默契，就是不要改變這個家的現狀。年輕人放棄獨立生活的機會，藉此交換一種熟悉、像個孩子般的存在，讓父母感到安心——知道自己不必放下為人父母的責任感，而這個責任正是他們生存的價值所在。

在這些家庭裡，每個人的角色都很熟悉又明確，就像在看一齣排練得十分熟練的戲劇。每個演員都駕輕就熟，導致他們一想到要結束這場戲、各自往前邁進，就會感到焦慮不安。

到頭來，當人們拚命想用理智克服那些不當行為時，總會面臨一個事實：有些愚昧是無法克服的。人經常執著於自己的特定觀點，認定事情應該這麼做，而忽略所有證據都顯示——他們必須改變。

PART

5

愛情篇

Love

愛要透過「行動」來展現。

我們要證明自己是什麼樣的人、在乎誰或關心什麼事物，

也不是靠口頭承諾就好，而是憑藉我們做的事。

第22章

每段關係，都操控在最不在乎的人手上

來到我面前的夫妻，婚姻大多處於奄奄一息的狀態。他們的共同點是——婚姻關係變成權力鬥爭，但事實上，多數婚姻從一開始便是如此。這些夫妻爭吵的內容不外乎就是金錢、小孩、性，但背後的原因通常是自尊心被貶損，以及期待無法得到滿足。

我們在尋找另一半時，多半是根據浪漫愛情的概念，想望一種人間天堂（或共同打造的幻想）。這些憧憬多半來自愛情故事，我們認為只要這樣就能獲得幸福。男女相處並選擇交往的方式，除了性吸引力外，還會衡量對方的各種條件與成就是否符合自己的要求，像是教育程度、收入潛力、共同興趣、是否值得信任，以及人生觀。

每個人對於伴侶的評估標準，都會創造出一套特定的期待，隨著時間過去，如果這些期待一直無法被滿足，就會導致關係破裂。

或許這樣的說法太過理性，而忽略「墜入愛河」這種無法解釋的神祕過程。畢竟在我的經驗中，在茫茫人海裡偏偏選中這個人的「化學作用」，事後回想，只是彼此剛好具備戀愛的意願、情欲和希望，而非兩個靈魂之間難以言喻但強而有力的結合。其實，我也非常願意相信後者，只要有更多證據證明無論時間如何流逝，它永遠不會變。

婚前協議是為了保護或不看好？

在現代婚姻中，令人最不樂見、也最發人省思的發展之一，就是愈來愈盛行的「婚前協議」。以前只有富商大亨才會做這種事，現在卻變得愈來愈普遍。那些已經存了一筆資產又不願意和另一半分享的人，就會在準備進入婚姻之際，簽訂婚前協議。

想要保護你帶入婚姻中的一切，這個理由表面上似乎頗為合理。如果雙方又有各自的孩子，通常會想讓自己的小孩繼承財產。對大多數離過婚的人來說，他們在財務和情感上都曾付出極大的代價。根據統計數字顯示，第二次（或第三次）婚姻的失敗率比第一次還高。

儘管如此，看到**想要共度一生的兩個人，表現得像是在買賣二手車一樣**，還是很令人沮喪。我們需要簽訂合約來防範不信任的人，保護自己避免被對方占便宜；那麼要求口口聲聲深愛的對象，也簽訂某種協議，不正反映出我們根本不看好這段關係，等同於預測了這場婚姻的失敗。**就像人們所有預期一樣，害怕的事通常都會發生**。

近年來，法律已經慢慢修正，以「無法和解的歧見」和「無過失的離異」取代以往結束婚姻的傳統理由。過往需要找個藉口才能離婚的做法，常導致雙方陷入互相指責的氣氛，使得彼此都想占據道德制高點、爭個輸贏。如果其中還牽涉到孩子，就更容易產生不愉快的結果。

誰在主控挽回關係或放棄？

當婚姻逐漸走向疏遠的下坡之際，雙方關係很少是同步前行的。通常會有一方表現出較為無情、不尊重對方的感覺及行為，試圖主導這段關係。如果其中一方投入較多心力挽回，而且一想到結束婚姻就覺得特別煩躁，便代表另一方已成功掌控這段關係。

當我向那些人指出，另一半並沒有和他同樣感覺悲傷懊惱，而這就是他們覺得「失控」的主要原因。他們也會很快看清自己的困境。**要建立一段關係，需要兩個人一起；但只要一個人想結束，這段關係就結束了**。

當我接到結婚喜帖，看著上面新人微笑的照片，我知道沒有人會告訴他們：「你們明知道白頭偕老的婚姻機率不到五〇％，那是什麼理由，讓你們覺得自己會是成功的那一半呢？」對於眼中閃耀著喜悅光芒的新人來說，這種問題是無法想像的，當然也沒有人會真的去問。

不過，失望和背叛的理由已經準備就緒，在你看來，你帶著極度的樂觀、勇氣或傻勁（取決於你採取的觀點），去追求希望中的未來，而那象徵未來的聖誕精靈只是沉默不語。（編按：狄更斯的著作《小氣財神》〔*A Christmas Carol*〕中有三個聖誕精靈，分別代表過去、現在和未來。故事中的人物，在精靈引導下，悔悟以往的生活方式，決定徹底改變自己。）

第23章

最沒意義卻常見的事——重複犯同樣的錯

犯錯是每個人都曾有過的經驗，也是「嘗試錯誤學習法」（trial and error learning）的根本要素。有些錯誤的後果比較嚴重，也有少數錯誤無法挽回。而重複犯同樣的錯，則是令人非常受挫的經驗。這種現象，在人們選擇交往對象的時候特別明顯。

有人說過，再婚表示希望戰勝經驗。大家可能會直覺認為，從第一次婚姻中學到的教訓，會讓第二次的選擇過程比較明智一些。但很可惜，再婚的失敗率甚至超過年輕時第一次結婚的離婚率——五〇％。

這個數字背後代表的事實是，**即使人到了四十歲，在人生哲學和行為上，還是跟二十歲的時候一樣**。可是這並不表示，我們在這段歲月裡什麼都沒學到。事實上，大部分人此時都已經完成學業，工作表現更加成功。我們只是在「自己是誰」，以及「為什麼要選擇這個人」這兩件事情上，並沒有得到深刻的認識。

學習過程重視的不是累積答案，而是找出如何提出正確的問題。這就是為什麼心理治療會使用問與答的形式進行。跟多數人以為的不同，這並不是治療師引導患者前往已知方向的技巧；它代表的是一種**共同探索**，以「提問」來進入思想與行為的動機和模式。每次詢問的過程，都要試著把過去的影響，連結到目前患者對於「自己到底想要什麼」，以及「如何得到」的想法之中。

我們如何選擇要在一起的人？

我們喜歡自認是理性的人，所做所為都可以提出解釋的理由，所以要我們承認大部分的習慣行為，都是由自己幾乎沒有意識到的需求、欲望和經驗所決定，而且這些還跟過去的經驗息息相關，往往令人感到不安。

舉例來說，「遺忘」這個行為，常被理解成我們對那件事情在無意識下的評論。你想想，為什麼牙醫診所要定期打電話給患者，提醒他們預約時間？因為對多數人而言，看牙醫是一種不愉悅的經驗，因此我們經常會「忘記」預約時間。而當我們忘記其他事情，像是生日、週年紀念日、名字、答應過的事等……這種種行徑，也可能意味著我們難以公開承認的潛在心態。

我們選擇要跟誰在一起也是如此。**人類幾乎所有的舉動，都是在表達我們如何看待自己。**幾乎沒有什麼行為是「無關自尊」的。我常常告訴患者，這個準則適用於所有重要的人生決定：**如果這麼做，會讓我對自己有什麼感覺？**尤其是跟這個人在一起，會讓我有什麼感覺？

你可以像傑克．尼克遜（Jack Nicholson）在電影《愛在心裡口難開》（As Good as It Gets）裡那樣說出：「妳讓我想成為一個更好的男人。」這句話嗎？

人們的重蹈覆轍，可以從家裡不斷上演的戲碼中看得最清楚，這暗示我們長期以來都在排演。對於那些描述自己婚姻中總有類似衝突情節的人，我最常問他們的問題是：「如果你說了那句話，你覺得這段對話會怎麼繼續？」

如果追溯爭吵的源頭，幾乎每次都能發現命令、批評，或是直接的侮辱。可想而知，對方當然會拿出敵意來應對。例如，最近有位患者告訴我，他太太一大清早就在抱怨，而他的回應是：「不要再發牢騷了！」不用問也知道，那一天他們的關係就是每況愈下。當我詢問這些人，為什麼非要說出某些會導致衝突的話，他們的回答總會帶著防備或報復的口吻：「難道我沒有資格說出自己的想法嗎？」

當恩愛夫妻成為最親密的敵人

隨著時間過去，生命中最親密的關係演變成權力鬥爭，而曾經相愛的兩個人則成了**最親密的敵人**。這種例子不勝枚舉，實在叫人震驚。命運共同體的感覺消失了，取而代之的是日復一日的戰爭。彼此賭上幾乎是自尊的存亡，而那威脅者不知道為什麼竟然就是最了解我們的人。誰會想要這樣的生活，必須時時刻刻保持高度警戒，只為了競爭那連當事人都說不清楚的目標？

但是，當有人請他們不要再做出那種批評輕蔑的評論——大部分婚姻的衝突根源——他們卻會把改變的責任，從自己身上推到「那個人」身上。這讓人不禁想到國際之間的衝突，每個國家都想要和平，卻沒有人想要先停止報復，害怕這樣做會讓自己變得脆弱好欺負。

這種懷疑態度的核心就是「**缺乏信任**」，許多人際關係似乎也是如此。遇到這種狀況時，我的問題基本上都是類似這樣：「試試看你會有什麼損失嗎？」不過，得到的答案通常是：「我得試多久？」或許比較好的問題是：「為什麼我得跟一個自己不信任的人過日子？」但很少人會問這個問題，因為它點破這些人在一段不開心的關係中，仍共同生活這麼多年的所有理由，可能是錢、顧慮小孩、害怕孤單，和單純的惰性使然。

可悲的是，多數人對幸福快樂的期望很低。彷彿在人生經驗的折磨下，他們早已經拋棄了聖誕老人、牙仙，這些伴隨童年成長的神話。人們把所有持續性的喜悅感，都視為娛樂產業所提出的浪漫理想，就像億萬豪宅或噴射機一樣，跟自己的生活毫無關聯。這種幻滅是改變的重大障礙，因為**我們無法期待人們願意冒著情感風險，去追求自己認為不可能的目標**。

現在方法行不通，那就換一個

鼓勵人們改變，是一種共享希望的練習。無論大部分人對改變自己的人生多麼嗤之以鼻，都還是希望孩子能得到更好的。我常常使用這個欲望來鼓勵人們嘗試新事物，運用的便是一般人的共同信念——孩子對人生的大部分認識，都是透過觀察父母學來的。我經常藉此說服那些父母，試著為了他們的孩子，建立起和善、寬容，和願意解決衝突的榜樣。

接著，就要講到重複行為會導致同樣後果的概念了。多數人都對實驗方法和因果概念有足夠的認識及理解，假如過去的行為帶給他們不滿意的結果，或許可以考慮使用新的方法。我比較喜歡用實際而非理論的角度來陳述這個觀念：「我無法提供適用於所有感情關係的答案，我只相信有效的方法。**既然現在的方法行不通，為什麼不試試其他方法呢？**」

第24章

真愛，是伊甸園的蘋果

在《聖經》故事裡，亞當和夏娃失去上帝的恩寵，被逐出伊甸園，因而永遠定義了我們身為人類的特性：好奇、軟弱，以及對彼此的欲望，而這個欲望甚至超越我們對上帝的忠誠。那顆果實到底有什麼特別，竟讓人如此難以抗拒，值得他們捨棄完美、赤裸和永生的極樂，換取羞恥和勞苦的生命？（「你必汗流滿面才得餬口。」——創世紀三章十九節。）

從某方面來說，正常的人類發展過程，就像是這個墮落故事的延長版。童年是一連串的幻想破滅，我們從天真的信念進展到冷酷的現實。一個接著一個，拋棄了聖誕老人、牙仙、父母是最完美的人，以及我們會永生不死的種種概念。

當我們放下這些令人安心又踏實的童年想法時，取而代之的感覺是——人生是掙扎的、充滿痛苦與失去，結局更是糟糕透頂……這一切還真多虧了亞當和夏娃。

想到這一點時，不免覺得人類實在了不起，我們居然沒有因此絕望氣餒，反而堅持在短暫的生命中，找出一些幸福快樂。在所有追求幸福的方式中，就如同《創世紀》所提到的，我們是藉由「連合」（cleave）彼此而更加親密。（「cleave」真是個神奇的單字，兼具兩個完全相反的意思：裂成碎片與緊緊抓住。）

馬克・吐溫在《夏娃日記》（*Eve's Diary*）中，以夏娃的角度說出墮落後的心聲：

> 每當我回憶過往，那座花園就像一場夢。那座花園很美，美得非凡出眾、美得令人著魔，而現在我失去它，再也見不到它。伊甸園遺失了，但我已經找到他，而且心滿意足。

當我終日想著失去摯愛所留下的破碎回憶時，很難不對人們選擇人生伴侶的方式，產生嘲諷質疑。我常問，這個人是否跟你當初決定與他廝守終生、堅信他就應該是你孩子的父親時，已經完全不同？關於他對你的忠貞、堅定，還有愛，你難道從來沒有一絲懷疑嗎？這個問題帶來的後續討論，一遍又一遍揭露出——我們年經時有多麼幼稚與愚蠢。

或許，這是因為我們在成長過程中缺乏榜樣與模範。前來找我諮商的人當中，很少有人欣賞父母之間展現出的愛意和承諾。事實上，我經常聽到人們對愛情持久的可能性抱持冷嘲熱諷，這全看他們從上一代身上觀察到什麼。

相愛沒有理由，分手卻要解釋

當人們墜入情網時，不需要為自己的情感找理由，這似乎有些諷刺。但一般人都能接受，人類互相吸引的過程既神祕又無法解釋。人們會說是因肉體的吸引力、共同興趣，或某些「化學反應」使得兩個人互相吸引，決定共度一生。周遭親友也接受這種說法，開始大費周章為他們準備精緻又昂貴的婚禮，慶祝相愛的兩人即將攜手走一輩子。

但另一方面，當人們決定分手時，卻又堅持要一個解釋：到底發生什麼事？是誰的錯？你們為什麼不能解決這個問題？……在大部分的狀況下，「我們不再彼此相愛了」稱不上是個充分理由。這多半可說是教育問題。你可能會覺得，在人類行為中這麼重要的領域，學校應該考慮開設一門課。

歌手賽門與葛芬柯（Simon and Garfunkel）在他們的歌曲〈柯達軟片〉（Kodachrome）中，這樣總結他們的中學教育：

當我一想到高中時代學的那些垃圾，現在的我居然還能思考，簡直就是個奇蹟。

我們上三角函數、工藝課，還有一直很受歡迎的「健康教育」等，這些幾乎毫不相干的課程中，企圖找尋有關人類性格及行為的有用資訊，教導我們在選擇朋友和愛人時，如何避免犯下災難性的錯誤。但這樣的搜尋根本是徒勞無功。所以，如同人生中大部分的事情一樣，**選擇與誰相愛這麼重要的任務，同樣得靠錯誤與嘗試來學習**。倘若，嘗試的代價沒那麼高該有多好。

惹怒上帝也要一嘗的「禁果」滋味

我可以想像，有一堂課是圍繞著「追求幸福」的主題而設計。課程就從討論「愛的定義」開始；接下來是有關「人格障礙」的主題指導，這會涵蓋那些最容易令人心碎者有什麼人格特質。接著再探討何謂「成功婚姻的伴侶態度」，其中會討論到善良與同理心，以及我們如何辨識這些美德。

最後，我們會邀請一些客座講師——一些經歷過痛苦離婚的人，和一些成功維持長期關係的人——現身說法。挑選後者的講師人選時，要格外謹慎。每當我聽到結婚已經五、六十年，甚至更久的長輩們，回答「婚姻成功的祕訣」這個老是被問到的問題時，他們的評論在我看來，名列前茅的永遠都是「要能忍受無聊」、「我們從不帶著怒氣上床睡覺」，或「凡事適當就好」等陳腔濫調，**這些答案所傳達出的婚姻哲學比較像是求生法則，而不是幸福快樂。**

讓人不禁想問：是否還有著永無止盡、歷久彌新的愛？

若要討論亞當和夏娃失去恩寵的壯麗故事，能帶給人們什麼啟示，那就是——兩個人的結合足以彌補身為人類得承受的所有重擔，包括辛苦勞動的必要，滿布荊棘的人生道路，還有終其一生都曉得人終將一死。

那禁果到底有多美味，儘管惹怒上帝也要品嘗？「**伊甸園遺失了，但我已經找到他，而且心滿意足。**」

第25章

沉浸單戀之苦，不是浪漫的事

單戀的本質，就是渴望我們無法擁有的東西。又有誰未曾感受過這種椎心之痛呢？

童年和青春期的迷戀得不到回應，幻化為成年後我們不斷追尋的完美對象。人們總以為，世上必定有個人可以讓自己完整、肯定我們的價值，直到白髮蒼蒼，這份愛仍能持續溫暖我們。人們不斷尋覓這動人的想像，但很少實現。

每個人都尋求好父母無條件的接納，這是情感上最根本的安全感。如果小時候我們曾有過這份安全感，就會希望再次得到；但如果跟多數人一樣，小時候並沒有經歷過這樣的情感，我們仍會盼望得到，讓我們可以抵擋這個無常又冷酷的世界。

浪漫愛情不等於瘋狂迷戀

我們希望別人能接納原來的自己，有時這份渴望太過強烈，導致我們會把自己對愛的需求，投射到另一個人身上，完全忽略這份愛其實沒有得到回應。

最可悲的是，他們的情感被引導到一個根本不認識的人身上。像是電影明星，他們因為外表或扮演的角色經常成為很多人愛慕的對象；他們的隱私常受到瘋狂粉絲的侵擾。這些狂粉相信，只要他們能找到機會，偶像就會回報他們的愛。有時候，這種受挫的情感會轉變為奇怪的行徑，約翰・辛克利（John Hinckley）對女星茱蒂・佛斯特（Jodie Foster）的幻想，讓我們都見識到單戀的瘋狂力量（譯按：辛克利為博得對方青睞，不惜暗殺雷根總統未果）。

浪漫愛情與瘋狂迷戀之間的界線，有些模糊不清。主要差別在於，迷戀只要一廂情願就夠了，它是妄想的近親，一種錯誤的信念，是心智混亂的主要症狀。愛情則不一樣，無論這份愛是否能得到回應都是欣賞的形式。被愛的人不會覺得自己被跟蹤，或像受到政府的騷擾般。迷戀是一種不吸引人且自我中心的信念，而愛著一個人卻有種夢幻的、理想的成分，吸引著人們，讓我們明知沒有希望，卻還抱著希望。

真正的愛情是要「兩情相悅」

與跟蹤狂那種危險迷戀只有一步之遙的，是一種「至死不渝」的愛。這種特質最常出現在家暴婦女身上，還有那些對逝去的戀情依然念念不忘、成天提起的人。我聽過很多故事的開頭都是這樣：「他傷害了我，他離開了我，但我依然愛他。」這些人彷彿是在昭告天下，**一個人無止盡的奉獻，可以讓別人眼中那毫無魅力的被虐狂，變得比較高貴似的。**

「一見鍾情」是另一個雖然愚蠢，但大家都很喜歡的幻想，最終也只是帶來失望罷了。突然湧現的感覺和吸引力，如此強大的精神層面幾乎使得發展友情的進程目標，大為縮短。原本這份友情可以成為更深刻的情誼，但深刻的友情需要時間、辛勤經營，以及某些程度的理性思考。我們也可能體驗到另一種情感，是比有共同興趣以及具有性吸引力，更加難以理解和解釋的感情。但這並不表示，「墜入愛河」跟在黑暗中跌落懸崖是同一回事，雖然都同樣令人頭暈目眩。

讓愛情擁有強大力量的，是「兩情相悅」。如果只是一廂情願，這種感覺或許很強烈，就像各種形式的寂寞一樣，但是它不太可能持續、也不會有結果，或是產生任何有用的行為。而且別人對這樣的感覺也沒什麼興趣。

我發現，有個神祕的單身組織，叫做「無伴侶性愛」，是由許多因單戀而受盡折磨的人組成，免費申請入會，而且不須出門就可輕鬆加入。

第26章

尋找「完美陌生人」，是真愛還是迷思？

人生當中最常見的不滿，就是覺得自己年輕時選錯伴侶，因而產生一個不實的幻想，讓自己深信：世上的某個角落，必定有這樣的一個人，能用真愛來解救我們。而「出軌」，這象徵著不快樂婚姻的行為，便是開始於這種錯覺。

根據某些估算數字顯示，我們可以看到：四十歲左右的已婚者中，有五〇至六五%的男性，和三五至四五%的女性，都曾有過外遇經驗。

在一個以一夫一妻制為主流婚姻價值的社會裡，這些數字顯示的不只是高度虛偽，還包括我們對伴侶的嚴重不滿。

人們到底在他們的婚姻之外尋找什麼？

他們在尋找的，除了**變化**以外，就是**安心**。從某些方面來看，每一種尋求歡愉的活動，都反應出我們對死亡的恐懼。隨著年紀漸長，長保青春與永生的欲望注定得不到滿足。人們會試著找些辦法接受，其中一個反應，就是尋找一些可以滿足自尊、感覺自己還是很有魅力的事情。有什麼方法比跟新對象發生性關係，更能達到這個目的呢？

在另一半身上尋找無條件的愛

一個健全的成長過程，會讓我們帶有一種信念：相信自己是獨一無二的，也堅定地認為自己是個值得被愛的人。最理想狀態應該如此，但現實中，人們常帶著程度不一的迫切，去尋找一個會無條件愛他們的人，但又暗自苦惱這樣的要求是不是太高。我們很少從配偶身上得到這樣的愛，在大部分的婚姻中，這就是不滿的來源——那些令人受盡折磨卻沒有誰會提起的不滿。

事實上，成年人之間所謂的愛，比較像是某種沒有明說的服務契約。就傳統來看，這種協議的默契是，男性負責家庭財務上的穩定，而女性負責家務、滿足性需求，還有照顧小孩。

而女性主義運動促使這種傳統契約必須重新協議，包括許多女性想要出去工作，以及不願再獨自承擔養育小孩和做家務的責任。這種朝向性別平等邁進的做法值得讚賞，卻也產生一種副作用：**許多婚姻中瀰漫著一股怨恨和競爭的氣氛**。

天底下沒有人願意自動放棄權力，我們必須自己掌握。這一點成為女性主義者的信條。可是，這種態度對於增加親密度一點幫助也沒有；再加上女性經濟獨立的能力逐漸增加，這些因素與如今每兩段婚姻就有一段以離婚收場，可能不只是巧合而已。

不打算離婚，卻仍保不住婚姻

從某些角度來看，這種改變似乎是好事，因為人們比較不會被困在不滿意的關係中。任何能增加選擇的社會發展，應該都是一大進步，那為什麼我們還會覺得，好像失去某個重要的東西呢？

首先，孩子因此受到傷害。與其生活在不幸福的婚姻中，不如讓他們適應父母分居，這種說法更像是成年人為了自己的幸福，所找的合理藉口。有充足證據顯示，離婚會帶給孩子極大的不安全感和痛苦。特別是很多時候，父母之間會有某種程度的怨懟和指責。對於自己的世界被父母搞得亂七八糟，孩子雖然能找到某種應付的方法，但絕對改變不了他們經歷的破碎與幻滅。

因為有這些後果和經濟考量，以致大部分發生婚外情的人並不打算離婚，但結果仍往往保不住婚姻。

從某個角度來看，這種現象代表幾乎所有動物種類都會雜交。從另一個角度來看，出軌是人類表達恐懼和渴望的獨特行為。**尋找完美的愛，是一種嬰兒時期的行為，也是中年恐懼的象徵**。雖然大部分時候，它都沒辦法改善我們的人生，事實上還常常破壞我們的生活，但仍無法說服人們停止嘗試。

很久以前，民歌手瓊．拜亞（Joan Baez）唱過：「你逃開了，去尋找完美的陌生人……。」這首歌的名字就叫做〈悲傷之泉〉（Fountain of Sorrow）。

第27章

「愛」要用「行動」來展現

人們經常來找我尋求藥物治療，他們多半受夠了悲傷的情緒、長期的疲憊不堪，和對以前引以為樂的事情失去興趣。

他們要不是無法入睡，就是一直昏睡；要不是毫無食慾，就是暴飲暴食。不僅暴躁易怒、記憶力變差，還常希望自己死了算了，想不起來快樂是什麼感覺。

我傾聽他們的故事，這些故事雖不盡相同，卻有一些經常重複的主題：他們的家人同樣過著頹喪的生活；現在的感情關係不是充滿衝突，就是處於「低溫」狀態，欠缺熱情與親密。抱怨生活一成不變：不滿意的工作、沒有幾個朋友、除了無聊還是無聊，他們感受不到別人享受的樂趣。通常我會這樣告訴他們：

先說好消息，我們確實有對改善憂鬱症狀很有效的藥物；而壞消息是，藥物並不會讓你快樂。快樂並不是消除絕望就能擁有的東西，而是當我們的人生過得有意義又愉悅時，才會出現的肯定狀態。

想要變快樂，卻只想靠藥物解決

所以，很少人光靠藥物就能變快樂，他們仍須帶著想要改變的態度，去檢視自己的生活方式。我們總是在說自己想要什麼、打算做什麼，然而這些都是希望和夢想，對改善情緒沒什麼幫助。並不是我們怎麼想、怎麼說，或者有怎樣的感覺，就能成為那樣的人。**我們，是由行動所定義的。**

同樣地，我們在判斷其他人時，要注意的不是他們所給的承諾，而是他們實際的作為。遵循著這個簡單的原則，可以避免許多影響人際關係的痛苦和誤會。「終究，人總是說得多、做得少。」**我們都被言語淹沒了，其中大部分都只是我們告訴自己或他人的謊言。**

我們到底要被別人的言行不一給背叛或驚嚇多少次，才能學會更注意他們的行動，而不是只聽他們說的話呢？人生中大部分的悲傷心碎，都來自於忽略了一個事實：**過去的作為，是預測未來行為的最佳指標**。

快樂的三個要素

導演伍迪．艾倫（Woody Allen）說過一句相當有名的話：「我們八〇%的人生都只是在出席。」我們在許多小事上展現勇氣，比如盡到義務，或稍微嘗試一些可能改善生活的新事物。但大部分人都害怕冒險，寧願選擇溫和的、可預測的、重複的事情，這也說明了為什麼強烈的無聊感，會成為我們這個時代的特徵。

我們發狂似地想要克服這種無聊倦怠，因而渴望娛樂和刺激，卻到最後才發現，這些刺激根本毫無意義。壓在我們身上最沉重的擔子，就是想要回答這些「為什麼」：我們為什麼要活著？為什麼選擇這樣的人生？為什麼要努力？

而最令人絕望的答案，就出現在汽車保險桿上常見的貼紙中：「隨便啦！」一般來說，我們得到的答案都不是自己應得的，而是內心期待的結果。

如果問成功的棒球打擊手，他認為自己上場後會發生什麼樣的事，你會得到類似這樣的回答：「我會把他們打得落花流水！」假如你提醒他，棒球界中最佳的打擊手，每三次出場打擊，總有兩次會被判出局。這時任何一個好球員都會說：「沒錯，但這次輪到我上場了。」

快樂的三個要素：有可以做的事、可以愛的人，和可以盼望的未來。仔細想想，如果我們擁有一份有意義的工作、一段穩定的關係，還有得到幸福愉悅的承諾，想不快樂也難。

我用「工作」一詞來涵蓋所有帶給個人成就感的活動，無論它有沒有薪酬。如果有什麼活動很吸引人，可以為生活增添意義，那就算是一種「工作」。人們可以在高爾夫球場或橋牌桌上的平庸活動中，找到樂趣與意義，證明人類生活的多樣性。想想，如果每個人都喜歡同樣的事情，會造成多少交通問題。

你願意為所愛的人擋子彈？

許多人都有預設立場，認為「愛」很難定義，因為這種感覺本身的基礎就很難解釋（為什麼我愛這個人，而不愛另一個人呢？）所以，我們假定言語無法完整說明「愛一個人」是什麼意思。

那麼，這個定義如何呢？**當我們把一個人的需求和欲望，看得跟自己的一樣重要時，就表示我們愛這個人**。當然，在用情至深時，我們對他人的關心會超越自己，或至少相當於自己需求的關心程度。

為了幫助人們判斷自己是否真的愛一個人，我常使用這個問題：「你願意為這個人擋子彈嗎？」這似乎是很極端的標準，因為很少有人需要做出這樣的犧牲，也沒有人敢肯定當自衛本能與對他人的愛起衝突時，自己到底會怎麼做。不過，只要想像一下這個情境，就能弄清楚我們對這份情感的本質。

我們願意犧牲自己生命去拯救的人其實很少：救我們的孩子，這是必然的；那救我們的配偶或其他「心愛的人」呢？或許吧。但如果我們連想都沒有這樣想過，又怎麼能假裝自己愛他們呢？通常我們對一個人到底有沒有愛，從各種世俗的方式就能看出端倪，最明顯的，就是我們願意撥給這個人多少時間與相關的質量。

重點是，**愛要用行動來展現**。我們要證明自己是什麼樣的人、在乎誰或關心什麼事物，也不是靠口頭承諾就好，而是憑藉我們做的事。在諮商時，我不斷把人們的注意力重新導到這個方向。我們是口語的動物，經常使用言語去辯解及欺騙。而最糟糕的謊言，當然就是用來欺騙自己的。

真愛面前，可以展露完全的自我

我們選擇相信什麼，都跟內心深處的需求密切相關。例如，我們每個人心中對完美愛情的憧憬——那種全然的接納，其實只存在於好母親的身上。然而這種憧憬會讓人沉迷於一種盼望中，以為自己終會找到那個對的人，對方會永遠愛著我們真實的樣子。但這其實是最糟糕的自我欺騙與幻想，非常容易使我們受傷。

因此，當有人聲稱自己願意這麼做，說出我們長久以來渴望聽到的話語時，難怪我們會選擇忽視對方的言行不一，睜一隻眼閉一隻眼。當我聽到某個人說：「他做的事情很不體貼，但我知道他是愛我的。」我通常會反問對方，我們可能刻意去傷害自己愛的人嗎？我們會這樣對待自己嗎？我們能愛上那輛輾過自己的卡車嗎？

真愛對我們的另一個要求，就是在對方面前勇敢展露全部的自我。這麼做的風險顯而易見，**誰不曾誤判一個人，在毫無保留地信任對方後，卻被撕裂真心呢？**這些傷痕導致人們在關係中充滿對愛的譏諷態度，並製造出許多相互競爭的遊戲，讓我們在努力信任彼此的同時，卻受盡挫折。

人常常在孤單寂寞和自我欺騙之間擺盪，而獲得幸福的最大機會，就落在這兩個極端之間的某處。到最後，我們有權得到的，其實就等於我們準備付出的。這也印證了俗話說得沒錯，每個人都會得到自己應得的婚配對象，而**我們對他人多數的不滿，往往是在反映自身的不足**。

PART

6

老去篇

Aging

「膽小鬼是承受不了變老的。」

或許我們最後的義務是——

有尊嚴地承受隨著老化而來的生理與心理打擊。

第28章

怕「變老」，或是怕「死亡」？

「老年」常被視為享受權利的時光。在努力工作多年以後，退休者理應有享受悠閒生活、社會保障的資格，以及年長者優待福利等，然而，這些特權根本彌補不了年長者大幅降低的社會地位。

年長者因為身心孱弱而得到汙名，除了持續扮演消費者的角色外，我們很少會認為他們還能有什麼貢獻。因此，努力把他們隔離到安養院和老人社區，認為年長者沒有什麼東西可以教導我們，也反映出我們很想減少與他們互動的機會。

跟許多弱勢族群一樣，年長者會配合這種隔離行動，徒然印證了汙名的力量。他們開車的能力（也就是保持獨立的能力），是許多笑話的主題，偶爾也會引發政府機關關注。（你知道嗎？如今在佛羅里達州販售的車輛會附加一種裝置，當左轉方向燈持續亮超過二十秒，車子就會自動左轉。）

為了對抗老化的生理跡象，我們每年花在化妝保養品產業上的金額將近一千五百億美元。相較之下，國家的其他優先預算，像是教育、公路維修費用或國防預算，根本就是小巫見大巫。整型醫美手術的興起，使得注射肉毒桿菌相形失色。而全國對於皺紋和落髮的在意程度，在在顯示對大多數人來說，正常老化過程所引起的恐懼程度，已經接近恐慌症了。

被歧視、邊緣化的老人「人設」

其實，**我們害怕的是死亡，老化跡象不過是種不討喜的提醒，告訴我們生命有限**。不接納年長者和自己老化的跡象，只是反映出對種族滅絕的自然恐懼，始終糾纏著人類。這是宇宙跟我們開的玩笑，命運、上帝，或主導這齣戲的主宰者，彷彿在對人類說：「我將賜予你們統治其他生命的力量，但你們將是唯一具有能力思考自己死亡的生物。」

而對於自己被社會邊緣化、價值被貶低的老年人，反應又是如何？他們當然很憤怒。一方面得忍受隨著老化而來的損失，愈來愈缺乏的性吸引力和熱情、健康衰退、老友紛紛離世、頭腦愈來愈不靈光，還要應付大眾蔑視的目光，因為這個社會瞧不起沒有權力或沒有在工作賺錢的人。

因此，抱怨成為老年人的任務。在這個錯綜複雜的世界，某些族群被分派了特定角色，例如，青少年的工作就是用飆車、喧擾的行徑，和過度使用「超讚」這個字眼，來折磨其他人。而我們這些年長公民的存在目的，有時看來就像是為了用慢吞吞的動作，和抱怨生理疾病，來讓旁人覺得煩躁。

這是生命發展的對稱性，隨著我們老化，就會慢慢退化回嬰兒期。在準備迎接死亡之前，再度回到這種非常自我與依賴他人的狀態，使得身邊所有關心你的人都覺得無奈。這件事會怎麼發生與多快發生，取決於我們在地球上的歲月裡到底學到什麼。

看著變老的父母望而生畏

恐懼老化的其中一個原因，是某些比我們早離開的人，為我們建立了不良示範。來找我諮商的大部分家庭，都把年長的親人視為負擔，很少想到老人家有許多智慧和人生經驗可以傳遞給年輕人，原因在於：大部分老年人都以自我為中心抱怨個沒完。

當中年人談到年邁的父母時，通常都是混雜著責任感與無奈感。老年人會變得更容易憂鬱，而憂鬱的人又總只想到自己、易怒、難相處。在正式的憂鬱症治療，經常會把老年人排除在外，以不實的解釋取代醫療上的評估：「如果我那麼老的話，我也會憂鬱啊！」雙方的期望都降到很低，結果形成某種僵局，老年人扮演的角色就是沒完沒了的碎念，而年輕人心不甘情不願被迫傾聽，試著盡到孝順父母或祖父母的義務，卻又盡量減少與他們接觸。

在不同的生活環境中分開居住，以及送到令人望而生畏的養護機構，都是老年人經常被排斥和邊緣化的兩個常見現象。事實上，按照「年齡」劃分是最僵化的社會階層分類方式，通常更甚於按照教育、財富，與社會階級的區隔。

美國的老年人在自己還很有活力時，就出現一種自願性的移民舉動，他們會搬到氣候比較溫暖的地區，群居在所謂的「退休社區」裡。他們最常選擇的地點是美國佛羅里達州和西南部，並且經常會選擇住在排除某些年齡層以下居民的地方，這個年齡分界通常是五十歲。

這種自我隔離的結果，就像是「長輩們」會去參與一些根本不用動腦、我們認為只有老人才會做的活動，例如賓果、沙狐球（Shuffleboard，編按：原是一種在桌上滑動銀幣的遊戲，後來出現專用的沙狐球以取代銀幣）、高爾夫球等，以及所謂的「運動課程」——做一些非常緩慢的動作，慢到違反運動的目的。除了家人義務性的探訪外，老年人跟年輕人幾乎完全沒有互動，平時也缺少任何智力上的刺激，但這些其實都很重要，因為有時可以延緩失智症的發生。

傳給下一代希望，別再抱怨了

許多老年人言談中的各種抱怨（通常還伴隨著自己受到忽視的暗示），對兩代之間的關係會造成難以估算的傷害。我知道很多人都很怕接到父母的電話，尤其害怕聽到父母回應「你們過得還好嗎？」這個問題的答案。聽到他們用抱怨的語氣，一連串說著這裡痠那裡痛、排便困難等，偏偏自己心裡又很清楚，這些痛苦無藥可醫，而且只會愈來愈嚴重……還有什麼比這些牢騷，更令人覺得無趣又沮喪呢？

我相信，為人父母是一種自願性的承諾，而不是為了要孩子日後撫養自己，也不應該要求他們的人生照著父母的喜好走，或是無止盡聆聽父母抗議歲月的摧殘。其實，我認為老年人有責任，讓自己盡可能以更優雅堅定的態度，承受老化帶來的損失，避免把自己的不適強加在愛他們的人身上。

當父母的人，這輩子最重要的任務，就是把樂觀的態度傳達給年輕人。無論我們對孩子還有哪些義務，都應該讓他們相信：**在人生的逆境和無常中，人們依然可以得到幸福**。這個信念，正是我們可以傳承給下一代最大的禮物。就跟誠實、信守承諾、同理心、尊重、勤奮等，我們希望教導孩子的所有價值觀一樣，告訴他們「希望」的重要性，也要以身作則。

許多老年人都說他們有一種被忽視的感覺，就跟其他弱勢族群會有的感受一樣。具體的例子是，商店內的銷售員無視他們；在流行文化裡，看不見老人家討喜的形象；現實生活中，他們成為了家人義務性拜訪和打電話的對象。

最顯著的是，年長者被對待的方式，彷彿他們再也講不出什麼有用的話。對老年人來說，沒有人聆聽他們的感受最為難堪。因此，他們總是對年輕人滔滔不絕說著無聊的內容，這是一種報復，表達出許多老年人受到輕視和被忽略的心情。

迷戀青春的社會，可以老得有尊嚴

在一個迷戀青春的社會裡，「膽小鬼是承受不了變老的。」這句話明確表達出老年人面對的困境。或許我們最後的義務是——有尊嚴地承受隨著老化而來的生理與心理打擊，避免不斷自我憐憫。

然而，當自我面對歲月的侮辱時，我們還可能保持希望嗎？

正如勇氣並不是每個年輕人都具備的美德，我們也不能期待老年人都能展現勇氣。不過，當我們見識到勇氣時，必然會知道且珍惜它。面對日漸逼近的死亡，具有平靜思索的能力，才能在最後一刻，讓我們有機會勇敢起來。

隨著人生舞台漸漸落幕，如果我們還能保持幽默和對他人感興趣，那麼我們就已經為還活著的人留下了一份無價的珍貴禮物。我們不僅盡到對在世者最後的義務，也藉此表達對生命這份禮物的感激——這份本不該得到，卻享受了如此長久的禮物。

第29章

死亡，
也無法讓我們的愛消失

我是個兩度喪子的父親。在短短十三個月內，失去了兩個兒子。大兒子自殺，小兒子死於白血病。**悲痛教會我許多事，像是生命的脆弱和死亡的定局。**

失去最珍貴的事物，讓我們對無助、謙卑和生存好好上了一課。

揭穿了自己可以控制任何事情的幻想後，我必須決定，還有哪些問題依然值得一問。我很快就領悟到，最該問的問題是：為什麼是我的兒子？為什麼是我？——事情已經發生，問這些問題也毫無意義。想要追求公平，實在荒謬可笑。

和我同樣在受苦的同伴引導著我，這些人當中有些是我愛的人，有些人是同樣承受不可挽回的失去。

活著，是相信我的生命還有意義

就跟所有哀痛的人一樣，我對「結束」這個字眼產生持久的恨意。因為它有種安慰性的暗示，認為哀傷是有限的過程、總有一天會終了，我們會逐漸恢復以往。想到有一天我會到達那個階段，不再思念我的孩子，這樣的念頭令我感到厭惡，所以我決定直接把它拋在腦後。

我必須接受現實，我永遠不再是原來的那個自己。心中的某個部分——或許是最好的部分，已經被切下，跟著兒子一起埋葬了。那剩下的是什麼呢？這是個值得好好思索的問題。

演員葛雷哥萊．畢克（Gregory Peck）在喪子多年後，某次接受訪問時說：「我不是每天想他，而是無時無刻都在想他。」隨著時間過去，這種思念的本質會開始改變，從病中與臨終受苦時的憔悴模樣，轉變為他們生命中那些溫暖柔和的時刻。

哀痛，已經成為我非常熟悉的主題。的確，有好長一段時間，它就是我生活中唯一的主題。我寫了一本關於哀痛的書，試著藉此找到一條繞過它的路。

而我學到的是——**沒有任何路可以繞過它，你必須穿越其中**。在那段過程中，我經歷了毫無希望、想要自殺，到後來知道自己並不是孤單一人。當然，文字無法帶來安慰；但我理解到，無論是我的還是其他人的文字，都是唯一能表達這段歷程的方式。首先，說出的是我的絕望，最後則是一個脆弱的信念——相信我的生命還有意義。

失去的，喚醒了我們愛人的能力

經過了十三年，我的兒子們雖然凍結在時光之中，卻依然栩栩如生活在我的心裡。很大程度上，我已經原諒沒有辦法拯救他們的自己。我跟自己和解，接受要在沒有他們的情況下老去。正如我曾經堅信的那樣，他們沒有辦法替我送終。我不再相信宇宙有其秩序，不再相信有個公平的上帝，但是我並未放棄對他們的愛，也沒放棄我的渴望：終有一天，我會再見到他們。

這就是希望的所在：**那些失去的愛，喚醒了我們對愛的感覺，以前我們都不知道自

己有這樣愛人的能力。這些永恆的改變，是他們留給我們的遺產，送給我們的禮物。而我們的任務，就是把這樣的愛傳遞給那些需要我們的人。如此一來，我們便依然忠於自己對他們的回憶。

在我女兒的婚禮上，我借用作家馬克·赫爾普林（Mark Helprin）的某些想法，寫下這段祝賀辭：

父母與子女間的愛，非常仰賴原諒。我們的不完美，讓人之所以為人；我們願意容忍家庭成員與自己，這個包容彌補了愛，使我們變得如此脆弱的折磨。在這樣歡樂的時刻，我們慶祝兩個人找到彼此，並決定攜手創造新生活的奇蹟。如果愛真的能克服死亡，那也唯有透過回憶與奉獻的練習。回憶與奉獻……只要有它，你的心即使破碎，仍是充實的。而你將能在奮戰中，堅持到最後一刻。

第30章

真正的天堂，是我們已經失去的那些

許多人會懷念美好的過往，這並不是什麼壞事。但是，回憶可能妨礙我們對接受現實的努力。當人們滿懷感觸述說著種種精采往事，幾乎與現在發生的事實相反，便反映出他們對未來感到憂心與失望。

在我們的記憶中，過去物價便宜、犯罪事件較少、人們比較友善也值得信任、人際關係比較長久、家人關係比較親密、小孩子比較有教養，連音樂都比較好聽。

我的父母經歷過一九三〇年代的經濟大蕭條，銀行倒閉使他們失去畢生積蓄，過著僅能餬口的日子。然而到了晚年時，這段經歷也蒙上浪漫色彩，他們回憶起當時的鄰居都會互相扶持，幫助彼此度過難關。相較之下，年紀漸長後，身邊所見盡是些自私自利的人。

事實上，以前的一切並沒有真的比較好。戰爭和種族屠殺跟今日一樣普遍，孩童經常死於傳染病，犯罪與貧窮隨處可見。總的來說，在人類歷史中，從沒有哪個時期的人比較善良正直。

在我們嘗試與過去和解時，會把生命看作是一段不斷醒悟的過程。我們渴望年輕時期的舒適幻象能帶來一些安全感；牢記著初戀時那令人無法呼吸的癡迷；懊悔自己的錯誤所導致的混亂，正直本性做出的妥協，以及當初沒有做的事情。隨著我們的身體和精神日漸衰弱，這段不完美人生所累積的重擔，也愈來愈難以承受。**緬懷過往，只是選擇性地記住年輕時的事蹟罷了。**

能愛一個人的不完美，也會愛自己

幾年前，我參加一位同事約翰的喪禮。他是個令人敬佩的人，對人相當體貼，也是位好醫師。有位致辭者者提到他有「絕佳的幽默感」，我不禁轉頭問坐在隔壁的朋友：「約翰很幽默嗎？」若真是如此，認識他那麼多年，我怎麼都沒發現。我在想，這項深受歡迎的特質，是否可以像頒發獎章給陣亡的軍人一樣，死後才追封給亡者呢？

每次去參加熟人的喪禮時，我都會對悼辭中所描繪的那個人物形象感到詫異。他們那不甚完美的人性，在歌功頌德的描述中幾乎不復存在。這些話語原本的用意是為了安慰在世者，到最後卻只有過度美化亡者的人生而已。

儘管一個人並不完美，但我們仍願意深入認識並且付出所愛，甚至因為他們的不完美，而更加愛他們。要做到這樣的行為，需要認可與寬恕，而這兩者都是成熟情感的重要指標。更重要的是，如果我們可以為他人做到這些，就可以這樣對待自己。

人之所以為人，正是因為我們會犯錯，以及充滿不確定性。我們面對的恆久挑戰，並不是在自己或他人身上尋找完美，而是**在這樣不完美的世界裡，努力找到開心活著的方法**。如果我們對過去存有不實的幻想，必定對當下感到不滿，反而會妨礙追求快樂的努力。

每個人都有自己的記憶版本

記憶，並不像許多人以為的那樣，是過去經驗的正確副本。它其實是我們講給自己聽的故事，充滿扭曲的現實、一廂情願的想法，以及沒有實現的夢想。

任何參加過高中或大學同學會的人，都可以證實記憶的選擇性和變化性。明明是共同經歷的回憶，每個人的版本怎麼會有如此大的差異？答案當然是因為我們記得的內容和記憶的方式，全看那件事對我們有什麼意義，以及我們有多想從這些人生經驗中，建構出一段頭尾連貫的故事。這樣的舉動，反映出我們對自己的看法，還有我們如何成為現在的自己，或是說我們希望自己過去是什麼樣子。

我經常聽到人們說，跟兄弟姊妹一起回想小時候的事情時，大家記憶中的內容差異之大，讓他們感到訝異。即使同一個屋簷下、被同樣父母撫養長大的手足，對於發生過的事情，也常常留下內容迥異的記憶。一個人記得虐待事件，另一個人卻予以否認。這些相差甚遠的記憶，會引發許多挫折與怨恨的情緒，理由很簡單，因為人們現在看待自己的方式不同了。於是，對於自己怎麼走到這一步，自然產生不同的描述。

我們往往不願意修正自己的「個人版神話」。冷酷或動粗的父親、控制狂的母親、夫妻爭吵和分離，紛紛浮上檯面。我們都有這樣的觀念，認為自己的命運是童年經驗塑造出來的。我看過一張海報，畫面背景是體育館中有著三三兩兩的人群，後方有一面橫幅布條寫著：「在正常家庭中長大的人。」

失去的總是最美，那個人也是

另一方面，我也聽過一些完美的成長故事，簡直就像電視劇《天才小麻煩》（Leave It to Beaver，編按：美國五〇年代電視影集，以某個中產階級家庭為劇情中心）中那個模範家庭的翻版。在這些版本中的童年往事，父母充滿愛與關懷，幾乎沒有對彼此和孩子說過半句不好聽的話。而我對此抱持著專業的懷疑態度，經常引起他們的怨恨不滿，彷彿我偷走什麼珍貴東西似的。

而其他發展得不如人意的親密關係，也是我們變得小心翼翼或不信任人的原因之一，讓我們不願再次冒險。然而，更具破壞性的或許是關於那些「錯過的人」的記憶。在許多人的過去中，都有一個念念不忘、遺憾不已的人。他們會把後來的每段關係都拿來和這個人比較，而這個人可能是已經離世的父母、初戀情人，或是一個朋友。他們的完美，就像喪禮中的追悼辭，是選擇性記憶的發揮，再也無法以日常的接觸進行驗證。他們存在於某種令人心煩意亂的夢境中，現實生活中的每個人都無法與之比擬。

嚮往過去的天堂，會使我們分心，無法努力找出當下的歡樂和意義。而這樣的懷舊之情，也對身邊沒有參與我們黃金青春歲月的人，發出一項訊息：彷彿他們生活在較差的世界，而且每況愈下。但是，當自身的力量衰退，我們愈來愈需要他人的善意與關懷之時，發送這樣的訊息似乎是不智的。

年輕人看待年長者的情緒，通常是夾雜著義務、輕視和恐懼。他們會問自己，以後我也會變成這樣嗎？我會不會不斷抱怨身體不適，又不斷懷念那段美好的舊日時光？要面對死亡已經夠難了，還要經歷伴隨著年老而來的憂鬱，無疑令人更加沮喪。「**好消息是平均壽命延長了；壞消息是那些多出來的時間都加在年老的那一邊**。」

生命愈靠近終點，更不能放棄希望

每個人都有過這種經驗，巧遇多年不見的友人，卻因為對方和自己記憶中的樣子落差太大而訝異。這不僅是我們以為的：人會隨著時間改變而已；當我們回到小時候的家，也會驚嘆屋子看起來怎麼那麼小，當然這是因為——我們長大了。

當美國專欄作家羅素．貝克（Russell Baker）首次交出年輕時代的回憶錄《成長》（Growing Up）時，竟被出版社退稿，理由是內容太無聊。於是他告訴太太：「我現在要上樓去瞎掰我的人生故事。」結果他寫了一本暢銷書，而且內容跟初版一樣真實。

每個人在陳述自己的陳年往事時，都有同樣的自由，有權美化或醜化生命中的每一個角色。我們只需要知道，這兩種選擇都是在反映目前的需求，以及此刻要怎麼看待自己。同時理解到，**自己有能力為過去塗上快樂或悲傷的色彩**。

如果人們沒有能力看清過去，很可能會因此承認，緊抓著浪漫版本的過去只是一個破壞現實的方法。當我們年歲漸長就會明白，要達到極致的完美或幸福，其實機會很渺茫。但我們可以選擇接受與享受生活中擁有的一切。亦或是嚮往一段比較單純的時光，那時的經驗有限，一切似乎充滿可能、前方有無窮的希望。這就是我們真正渴望重返的天真樂觀。縱使眼前面對的是，有限的時間和機會令人沉重沮喪。

那些錯過的風景不時縈繞心頭，尤其懊悔與完美的戀人擦身而過。隨著年齡增長，身體開始背叛我們，我們的意見也僵化成固執的偏見。從不值得羡慕的遲暮之處，回望年輕時代的樂土，那時的我們眺望未來，無限的可能比確定已知更加重要。那正是我們希望喚回的情懷，而讓我們始終不解的是，過往的回憶為何變成此刻的詛咒。

那麼，當我們感覺生命的終點愈來愈近時，該怎麼重新找回希望呢？我們可以選擇信仰，相信有永生，還能和逝去的親人再次相聚。或者，我們也可以坦然接受未知（agnosticism），把自己交給命運，同時試著在生與死、夢想與絕望，以及未得應許的禱告中那些讓人心碎的的謎團……在無窮無盡的生命循環中，找到意義。

這一生，你要體會的30件事（暢銷紀念版）

作者	戈登・李文斯頓（Gordon Livingston, M. D.）
譯者	吳宜蓁
商周集團執行長	郭奕伶
商業周刊出版部	
總監	林　雲
責任編輯	呂美雲、陳瑤蓉
封面設計	謝佳穎
內頁編排	張瑜卿
出版發行	城邦文化事業股份有限公司-商業周刊
地址	115台北市南港區昆陽街16號6樓
	電話：（02）2505-6789　傳真：（02）2503-6399
讀者服務專線	（02）2510-8888
商周集團網站服務信箱	mailbox@bwnet.com.tw
劃撥帳號	50003033
戶名	英屬蓋曼群島商家庭傳媒股份有限公司城邦分公司
網站	www.businessweekly.com.tw
香港發行所	城邦（香港）出版集團有限公司
	香港灣仔駱克道193號東超商業中心1樓
	電話：（852）2508-6231　傳真：（852）2578-9337
	E-mail：hkcite@biznetvigator.com
製版印刷	中原造像股份有限公司
總經銷	聯合發行股份有限公司　電話：（02）2917-8022
初版1刷	2019年5月
二版1刷	2025年1月
定價	台幣330元
ISBN	978-626-7492-87-1（平裝）
EISBN	978-626-7492-83-3（PDF）／978-626-7492-84-0（EPUB）

本書為《青春走得太快，領悟來得太慢》（2019）改版

國家圖書館出版品預行編目資料

這一生，你要體會的30件事：精神科醫師最犀利的人生告白／
戈登・李文斯頓（Gordon Livingston）著；吳宜蓁譯
--再版.--臺北市城邦文化事業股份有限公司商業周刊，2025.01
000面；14.8×21公分.
譯自：Too soon old, too late smart : thirty true things you need to know now.
ISBN 978-626-7492-87-1（平裝）
1.CST：人生哲學
191.9　　113018707

生命樹

Health is the greatest gift, contentment the greatest wealth.
~Gautama Buddha

健康是最大的利益，知足是最好的財富。 ——佛陀